Frank O. Abels

Korruption bei der Bundeswehr?

38 bizarre Fälle von

Bestechungen, Vorteilsnahme,
Landesverrat und Erpressung.

fac edition

Bibliografische Information der Deutschen Nationalbibliothek:

Die Deutsche Nationalbibliothek verzeichnet diese Publikation in der Deutschen Nationalbibliografie; detaillierte bibliografische Daten sind im Internet über https://portal.dnb.de/ abrufbar.

Umschlaggestaltung, Herstellung und Verlag:
BoD - Books on Demand, Norderstedt

ISBN: 978-3-7562-4565-9

Inhalt

Einleitung

Betrachtung: Wie kommt es zur Bestechung, Betrug, Diebstahl, Landesverrat und Erpressung im Amtsbereich?

38 Fälle zum Thema

1. Der Leutnant mit dem Groschen 21
2. Die Kontrolle der Küchenfrauen 24
3. Schadensmeldung über eine
   Düsenreinigungsnadel 27
4. Offizier baut Privathaus durch einen
   „Bauarbeiterzug" 29
5. Für den Baudirektor immer nur das Teuerste 30
6. Schwere Bestechlichkeit und Landesverrat 33
7. Der Herr Oberst und das
   chinesische Teeservice 41
8. Der Herr aus dem Rüstungsbereich
   mit dem Oldtimer 43
9. Handy für den Herrn Büroleiter 45

10. Mordanschlag auf einen Referatsleiter 47
11. Der Korruptionsbeauftragte 49
12. Der Bundestagsabgeordnete
    und der Mercedes 57
13. Offizier in Unterhosen im Bordell festgehalten 59
14. Ein Bundestagsabgeordneter
    und seine Wünsche 63
15. Entwicklung der Panzerhaubitze 2000 65
16. Fahrauftrag von einem Europaabgeordneten 73
17. Die Weihnachtswunschliste 75
18. Eine Kiste Champagner 77
19. Tschernobyl und die Geigerzähler 81
20. Das edle Jagdgewehr 83
21. Das Boot jährlich zum Service 89
22. Doktorarbeit für den Herrn Referenten 93
23. Artikel in Wehrtechnischen Fachmagazinen 95
24. Wo sind die Konstrukteure,
    die wir bezahlen? 97
25. Korrupte ausländische Offiziere 101
26. Feuerholz und Feuerkörbe 107
27. Verkauf von Leitungslösung
    an Offiziersschulen 109
28. Reisekostenabrechnung - der „kleine Betrug".... 113
29. Sex sells - der Beamte und die
    perverse Prostituierte 117
30. Der „kleine Diebstahl" 121
31. Statt Nachtübung ein Schäferstündchen........... 125
32. Huren im Staatsdienst 129

33. Erpressung durch Videomitschnitte 133
34. Wo ist der „Safety Place" 135
35. Das Etablissement der Prinzessin 137
36. Der Trick mit der Schere 139
37. Ein Toter im Bordell 141
38. Die Damen von der NATO – Straße
    zum Frühstück 142

Ausblick 143

Literaturverzeichnis 147

Auszug aus dem Strafgesetzbuch StGB .... 148 - 159

Beispiele für Korruptionsfälle
Anlage zu BMVg FüS/Pers Az.75-70-00/042,
6. April 2009 160

Korruption ist nur ein Schimpfwort für die Herbstzeit eines Volkes.

Friedrich Nietzsche (1844 – 1900)
Friedrich Wilhelm Nietzsche, deutscher Philosoph

Einleitung

Als der Autor vor sechzig Jahren als Offiziersanwärter in die junge Bundeswehr eintrat, ging er von einem sehr optimistischen Bild bezüglich preußischer Ethik und deutscher Rechtschaffenheit in den neuen Streitkräften aus. Bald jedoch musste er lernen, dass es damit nicht so weit her war. Er nahm das als junger Soldat zur Kenntnis wohl wissend, dass er als Neuling kaum Möglichkeiten hatte verbessernd einzugreifen, nahm sich jedoch vor, falls er später einmal die Möglichkeit des Eingreifens haben sollte, entsprechend zu handeln. Er hielt sich an die alte Weisheit:

Gott gebe mir die Gelassenheit Dinge hinzunehmen,
die ich nicht ändern kann,
und die Kraft zu ändern, was ich zu ändern vermag,
und die Weisheit
das Eine vom Anderen zu unterscheiden.

So blieb ihm zunächst nur das Schreiben von Tagesnotizen über spektakuläre Fälle von Korruption und Unehrlichkeiten.

Nun im letzten Abschnitt des Lebens wurden alte Notizen gesichtet und dabei 38 Fälle ausgewählt. Diese 38 Fälle, über die in diesem Buch berichtet wird, liegen alle Jahrzehnte zurück.

Im Deutschen Strafgesetzbuch ist die längste Verjährungsfrist 30 Jahre (nur Mord kennt keine Verjährung). Es gibt daher für die Protagonisten dieses Buches aus jener Zeit keinerlei Gefahr der Strafverfolgung, weil die Berichte über Korruptionsfälle nur bis Ende der Neunziger Jahre gehen, und damit alles verjährt ist. Aber auch an Rufschädigung der Betroffenen hat der Autor keinerlei Interesse, es geht ihm nur darum, an Beispielen Korruption vom kleinen "Groschen" bis zum größten „Jagdflugzeug", aufzuzeigen, welch üble Folgen Betrug und Korruption in jeder Organisation, besonders aber in einer Armee hat.

Betrachtung: Wie kommt es zur Bestechung, Betrug, Diebstahl, Landesverrat und Erpressung im Amtsbereich?

Es ist schon bemerkenswert in welches hohe Risiko

sich Amtspersonen begaben, wenn sie hochwertige Geschenke forderten und annahmen. Sie nahmen die Androhung von Gefängnisstrafen, Degradierung, Verlust des Arbeitsplatzes und der Pension in Kauf z.B. wegen eines kostenlosen Farbfernsehers. Die reine Unvernunft oder auch Gier. Hat denn keiner der Protagonisten mal im Strafgesetzbuch StGB nachgeschaut, was das Gesetz bei Bestechung, Bestechlichkeit, Vorteilsnahme und Landesverrat als Sanktionen androht?

Um das in Erinnerung zu rufen, sind im Anhang des Buches die einschlägigen Paragraphen aufgeführt.

Aus Gründen des Datenschutzes werden natürlich keine Namen erscheinen und Dienststellen genannt, sofern es nicht für das Verständnis unerlässlich ist. Es sind nur Sachverhalte beschrieben, aus denen das Funktionsprinzip der jeweiligen Korruption erkennbar wird, um damit zu helfen durch derlei Wissen Korruption einzudämmen oder gar zu verhindern.

Korruption hat üble Auswirkungen in den Streitkräften,

indem das Vertrauen der Soldaten darauf, für ihren gefährlichen Auftrag die bestmögliche Ausrüstung zu bekommen, durch Misstrauen ausgehöhlt wird, wenn wegen Korruption nicht der "Testsieger" den Zuschlag bekommt, sondern dass minderwertigeres Material jenes Herstellers zur Truppe gelangt, welcher am erfolgreichsten beim Bestechen war.

Mögen auch von Fall zu Fall solche Vorwürfe überzogen erscheinen, müsste dennoch alles getan werden, um bei der Truppe zur Aufrechterhaltung der Kampfmoral selbst den Anschein zu vermeiden, dass etwas daran sein könnte.

Welche erschreckenden Auswirkungen Korruption haben kann oder auch tatsächlich hatte, wird an den großen Beschaffungsvorhaben der Bundeswehr in den fünfziger Jahren deutlich. Zunächst bekamen die Panzergrenadiere den SPz HS 30. Ein offenbar nicht fertig entwickeltes und am Ende völlig unbrauchbares Fahrzeug. Die Presse (SPIEGEL 44/1966) berichtete über Korruption. Als nächster kam der KPz Leopard 1 als erster deutscher Kampfpanzer nach WK II zur Truppe. Die Generalität war begeistert. Mit diesem Wagen konnten sie zuverlässig die großen Truppenbewegungen bei Manövern realisieren, die ihnen während des letzten Krieges aus technischen Gründen (mangelnde Zuverlässigkeit) und Spritmangel nicht möglich waren. Dass dieser Panzer im Gefecht total versagt hätte, war nicht bekannt oder noch schlimmer es interessierte sie eher wenig. Das für die Abnahme eines Kampfpanzers bei der Wehrmacht zuständige Heereswaffenamt hätte diesen Panzer niemals zugelassen. Die Feuerleitanlage war völlig ungeeignet, die Waffe nicht zuverlässig justierbar, und die Hälfte der Kampfbeladung (Munition) konnte nur mit einem Hilfszielfernrohr zum Einsatz kommen. Offiziere, die viel vom Panzerschießen verstanden (Schießberater, Schießlehrer, Panzerkommandanten und der Chef der Schießinspektion), die alle auf den US Vorgängerpanzern M47, M48 gelernt hatten, waren entsetzt. Der Leopard 1 war bezüglich der Feuerleitung ein gewaltiger Rückschritt gegenüber den US-Panzern. Es war nicht zu fassen. Wie war so etwas möglich? Wer hatte diese Feuerleitanlage genehmigt? Keiner konnte eine Antwort geben, und deshalb fiel immer öfter das Wort „Bestechung". Aber man musste vorsichtig sein. Der damalige Chef der

Schießinspektion meldete auf Befragen dem Inspekteur des Heeres die Wahrheit über den von allen hochgejubelten Leopard 1. Dem General gefiel die Antwort des Chefs der Schießinspektion überhaupt nicht, und er fiel in "Ungnade".

Zum Glück kam es nicht zu einer Bewährungsprobe von HS 30 und Leopard 1, weil wir nur einen "kalten Krieg" hatten, bei dem Fehler der Waffensysteme nicht relevant waren.

Anders bei der Luftwaffe, wo Systemfehler schon im Frieden tödlich sind. Ein treffliches Beispiel dafür, welch ein Unheil Korruption verursachen kann, war die Beschaffung des STARFIGHTER F 104. Angeblich war dieser Jagdbomber bei der Bestellung durch den Bund noch nicht fertig entwickelt, während die MIRAGE III bereits im Einsatz war. Von der MIRAGE III wurden keine spektakulären Absturzserien gemeldet, was nachdenklich stimmt.

Dieses Buch soll helfen, das Augenmerk auf die "Pestbeule" Korruption zu richten und ruft auf, diese zu bekämpfen. Es will auch eine kleine Anleitung dafür sein, wohin die Chefs schauen sollten. In diesem Sinne wünsche ich dem Leser Erbauung, wohl wissend, dass die kolportierten Vorkommnisse nur die Spitze eines Eisberges der Korruption innerhalb der Bundeswehr sind. Die Kameraden vom MAD (Militärischer Abschirmdienst) und von ES (Ermittlung Sonderfälle) dürften wesentlich mehr über diesen „Eisberg" wissen, sind aber gegenüber der Öffentlichkeit zum Schweigen verpflichtet.

Kein Gold besticht ein empörtes Ge-

wissen.

Heinrich von Kleist (1777 – 1811),

1.   Der Leutnant mit dem Groschen

Kaum in die Ausbildungskompanie eingetreten, also noch „die Finger krumm vom Koffertragen" trat der Zugführer des 1. Zuges, ein schmucker Leutnant in Erscheinung. Damals trugen die Offiziere, außer im Gelände, meist den grauen Dienstanzug mit Hemd (hellblau) Langbinder (anthrazit) und Schiffchen. Unser Leutnant unterschied sich von der Masse, weil er stets eine Uniform von einem der Edelschneider aus Hannover trug und nicht den weniger schicken Dienstanzug der amtlichen Kleiderkasse. Statt der amtlichen klobigen Kampfstiefel (Knobelbecher) trug er elegante Reitstiefel aus feinem Leder, sowie stets Wildlederhandschuhe. Das Bild nicht verarmt zu sein, wurde durch den Besitz eines Porsche Cabrio abgerundet.

Dieser Leutnant war an sich, wie der Landser sagt „ganz in Ordnung", hatte aber eine Marotte, über welche die Soldaten sich amüsierten, die man aber auch als eines Offiziers für unwürdig halten konnte.
In den Pausen der Gefechtsausbildung setzte er sich häufig leutselig zu den Rekruten. Damals rauchten fast

alle. Auch unser Leutnant rauchte gerne, hatte aber nie Zigaretten dabei. Dafür aber stets einen Groschen, den er hervorholte und einen der Raucher bat, ihm eine Zigarette zu verkaufen (kostete damals 8 1/3 Pfennige). Natürlich bot ihm sofort einer der Anwesenden eine Zigarette aus seiner Packung an und lehnte den Groschen dankend ab. Das war aber keine Ausnahme, sondern ein allgemein bekanntes Ritual, welches den älteren Soldaten des Bataillons geläufig war und dem Leutnant den Spitznamen „Leutnant Groschen" einbrachte. Es wurde gemutmaßt, dass der besagte Groschen aus der Tasche des Leutnants seit Jahren immer der gleiche war. Manche spekulierten, dass bei 270 Diensttagen im Jahr mit vier Zigarettenpausen pro Tag, der Leutnant durch seine Marotte rund einhundert DM einsparte. Das Leutnantsgehalt lag damals bei 260 DM monatlich.

Das ist natürlich eine winzige Bagatelle verglichen mit dem, was in der Anfangszeit der Bundeswehr an Korruption bei der Beschaffung des Schützenpanzers HS 30, des Jagdfliegers Starfighter, im Bekleidungswesen oder an vielen anderen Stellen lief. Zum Glück wurde es von der Presse aufgegriffen und gnadenlos verurteilt.

Der über das Verhalten von „Leutnant Groschen" verblüffte Offiziersanwärter lernte aber bald, dass eine wohl andere Sichtweise der Dinge in der Bundeswehr gefragt war, wenn man „schlanken Fußes" vorankommen wollte.

2. Die Kontrolle der Küchenfrauen

Im Bataillon hatte ein von außen kommender Offizier die Stelle des S1/S2 übernommen und die Stellenbeschreibung ausführlich studiert. Diese legte u.a. fest, dass der S1/S2 einmal im Monat die Taschen des Küchenpersonals beim Verlassen der Kaserne auf Diebesgut zu überprüfen hatte. Der Oberleutnant stand also eines Abends mit zwei Unteroffizieren an der Wache und ließ bei den sechs Küchenfrauen die Taschen öffnen. Er wurde reichlich fündig. Ganze Salamiwürste, Speckseiten, Käseblöcke usw. kamen zum Vorschein, pro Küchenfrau etwa 4 Kilogramm. Ein Protokoll wurde gefertigt, und die Sache sollte am nächsten Tag an die Staatsanwaltschaft abgegeben werden. Dazu kam es aber nicht. Am nächsten Morgen öffnete die Küche nicht zum Frühstück, weil das Küchenpersonal nicht zum Dienst erschienen war. Die 1. Kompanie musste in aller Eile eine Feldküche einrichten, um den Soldaten ein behelfsmäßiges Frühstück zu geben.
Der Dienstablauf an diesem Tag war empfindlich gestört.

Für den Oberleutnant S1/S2 gab es vom Kommandeur ein gewaltiges Donnerwetter. Warum eigentlich, er hatte doch alles korrekt nach der Stellenbeschreibung gemacht? Aber er wusste, als von außen Kommender nicht, dass es hier (und vermutlich auch anderen Ortes) schon immer Brauch war, die Kontrolltage dem Küchenpersonal vorher bekannt   zu geben.

Weitere Zweifel an der Ehrlichkeit innerhalb der Bundeswehr stellten sich beim Autor ein.

3. Schadensmeldung über eine Düsenreinigungsnadel

Es hatte eine Überprüfung nach Paragraph 78 der Bundeshaushaltsordnung im Bataillon gegeben, eine Düsenreinigungsnadel für die Reinigung einer Waffe fehlte u.a. Die Kompanie musste für die fehlenden Teile eine aufwendige Schadensbearbeitung einleiten. Dabei stellte sich heraus, dass der Preis der fehlenden Düsenreinigungsnadel 107 DM war.

107 DM für einen 10 cm langen Stahldraht mit 2 mm Drahtstärke und einer an einem Ende angebogenen Öse. Materialwert etwa 50 Pfennig mit Arbeitszeit für die Öse 1,50 DM, mit Aufschlag für Bereitstellung, Vorhaltung, Lagerung und Versand durch die Industrie 300 %, also etwa 4,5 DM, aber doch keine 107 DM!

Der KpChef witterte Unredlichkeit und meldete den Vorgang. Es dauerte längere Zeit bis er eine Antwort erhielt, die, von der Division kommend, es in sich hatte. Tenor: Die Kampftruppe soll sich aus Dingen, von denen sie nichts versteht, heraushalten. Materialbeschaffung gehöre nicht zu ihren Obliegenheiten. Eine Überprüfung des Preises durch das BWB habe eine korrekte Kalkulation von 107 DM ergeben. Der Zufall wollte es, dass der Kompaniechef einen Klassenkameraden hatte, der nach dem Studium zu einem der größten Hersteller von Verbindungstechnik, Schrauben, Bolzen usw. ging. Diesen bat er ein Angebot für 100 Stk. Düsenreinigungsnadeln zu machen. Bald kam der Preis: 1,34 DM pro Stück.

4. Offizier baut Privathaus durch einen „Bauarbeiterzug"

Bei einer anderen Ausbildungskompanie - etwa 100 km entfernt - ereignete sich Folgendes. Der Kompaniechef stellte aus den drei Zügen, die er nach STAN haben sollte, einen vierten Zug auf, in dem alle unter den Rekruten verfügbaren Bauhandwerker zusammengefasst waren. Diese Rekruten wurden morgens mit Dienst LKW zu seiner Baustelle gefahren und bauten sein Haus. Das konnte nicht gut gehen, und die Sache flog kurz vor Fertigstellung auf. Der nun angeklagte Kompaniechef ging zu einem hohen Vorgesetzten und forderte das Verfahren einstellen zu lassen, andernfalls würde er in die Öffentlichkeit gehen und verkünden, dass er seit langem ein Verhältnis mit der Ehefrau des Vorgesetzten habe. Das Verfahren wurde eingestellt, der Kompaniechef blieb unbehelligt und machte eine große Karriere in der Bundeswehr.

5. Für den Baudirektor immer nur das Teuerste.

Bisher wurde nur über die mittlere Ebene der Führung und deren Verfehlungen berichtet, nun wollen wir die „Karriereleiter" etwas besteigen und sehen, was es von dort über Korruption zu berichten gibt.

Da haben wir einen Herren, der so oft wie möglich auf Dienstreisen die großen Häuser der Rüstungsbranche besucht und schon bei der Terminabsprache festlegt, in welchem der Spitzen Restaurants er abends zu speisen gedenke.

Wenn verfügbar als Vorspeise einen Hummer, bitte schon herausgelöst (der Mann hatte erkennbar Probleme mit den dazu üblichen „Tools") dann z.B. ein Chateaubriand oder eine Seezunge, dazu pflegte er von der Karte einen der oft mehrere einhundert Mark teuren Weine zu wählen.

Das waren die offensichtlich kostenintensiven Positionen einer solchen Dienstreise. Viel teurer, aber nicht so klar erkennbar war die Forderung nur mit

Spitzenpersonal, möglichst mit Herren vom Vorstand zu dinieren.

6. Schwere Bestechlichkeit und Landesverrat

Der folgende Fall ist der Öffentlichkeit an sich durch umfangreiche Berichte Anfang der achtziger Jahre in den Medien bekannt, aber die teilweise bizarren Details wohl eher nicht. Es handelt sich um den Fall „PlattenS... ". Dieser Mann wurde durch den prominenten Strafverteidiger Bossi betreut und vor Gericht verteidigt, wobei man sich fragte, wer diesen sehr teuren Anwalt eigentlich bezahlte. Das Ganze nahm seinen Anfang als Jahre vorher eine Erprobungsstelle der Bundeswehr den ungelernten Mann zur Landschaftspflege einstellte. Dann ergab es sich, dass durch Krankheit ein Mitarbeiter im Bereich der Beschussversuche ausfiel, und unser Protagonist, den wir im Folgenden PS nennen, als Helfer in diesen Bereich vorübergehend kommandiert wurde. PS musste nun in entsprechende Beschussgestelle nach Anweisung der Ingenieure Panzerplatten einsetzen.

Das war eine einfache Arbeit, aber PS erkannte darin ein vielversprechendes Geschäftsmodell. Er besorgte sich ein in schwarzes Kunstleder gebundenes großes Notizbuch in das er akribisch alle Plattenkonfigurationen und Beschussergebnisse der verschiedenen Munitionskaliber eintrug. Er hatte wohl die sehr realistische Idee, dass es auf der Welt die ein oder andere Nation gäbe, die viel Geld für sein Notizbuch auszugeben bereit wäre.

Zunächst aber profilierte er sich nun in der Bundeswehr. Es war die Zeit, in der der Panzerschutz für den Leopard 2 ausgelegt wurde. Wegen einer oft unzureichenden Dokumentation durch die Ingenieure und häufigen Personalwechsel in diesem Bereich, war es bald so, dass nur PS wusste, wie ein spezieller Aufbau ausgesehen hatte. Am Ende war PS der einzige kompetente Wissensträger über den Aufbau der „Schottpanzerung", die damals aktuell war.

PS hatte es über die Jahre geschickt verstanden, sich ohne jede Vorbildung als Angestellter zu positionieren und war am Ende als Technischer Angestellter bis zur höchsten Endstufe aufgestiegen. Die Position entsprach der Besoldungsgruppe A15. (Oberstleutnant in gehobener Stellung). Seine Vorgesetzten hatten zum Glück darauf geachtet, ihn zum Geheimnisträger bis VS- Streng geheim zu machen, und die NATO hatte noch eins draufgesetzt durch die Geheimhaltungsstufe COSMIC.

Das war doch mal eine glänzende Karriere für einen ehemaligen Hilfsarbeiter. PS galt als der Panzerschutzpapst der Bw. Nur er wusste was in den Blackboxes der Panzerung war. Wenn Panzer konstruiert wurden, bekamen die Konstrukteure von ihm die Außenabmessungen der Boxen, aber nie Angaben über den Inhalt.

PS machte aber nicht nur eine blendende Berufskarriere, er hatte noch einen anderen hoch lukrativen Geschäftsbereich, den Verkauf der Konfiguration der Panzerboxen an andere Staaten.

Aber der Erfolg stieg ihm zu Kopf. Er bekam wohl für seine „Lieferungen" extrem hohe Zahlungen und konnte sich bald mit Recht als reich fühlen. Aber statt vorsichtig zu sein und Understatement zu betreiben,

konnte er „das Wasser nicht halten". Auf seinem Park-
platz stand bald eine Sonderausführung des Mercedes
S statt des Passats und eine teure Einrichtungsfirma
rückte an und richtete sein Dienstzimmer eines „Millio-
närs" würdig ein. Wände mit Eiche vertäfelt, Ledermö-
bel im Chesterfield Style, schwere Teppiche und Vor-
hänge usw. usw.

Das aber war zu viel des Guten, der verdächtige Prunk
des Kollegen PS wurde anonym gemeldet und die Sache kam ins Rollen.

Zunächst wurde PS vom MAD und ES befragt, woher
er das viele Geld für das Auto und die Büroeinrichtung
hätte, außerdem gab es eine ausführliche Haussu-
chung, bei der Luxusgegenstände (Pelze, Schmuck,
Kunstwerke, hochwertige Weine usw.) gefunden wurden, deren Wert in keinem Verhältnis zu seinen Bezü-
gen, die er seit Jahren bei der Bundeswehr erhalten
hatte, standen. PS behauptete, die Dinge wurden mit
der Erbschaft seiner Frau erstanden. Dass dieses eine
reine Schutzbehauptung war, kam rasch heraus. Nun
rückte das Bundeskriminalamt mit einer Spezialtruppe

an, spezialisiert auf genaueste Hausdurchsuchungen. Das Haus wurde vom Keller bis zum Dachfirst mit extrem empfindlichen Sensoren abgesucht. Es wurde in einem Balken des Dachstuhls eine Bohrung von etwa 40 mm Durchmesser gefunden, verschlossen durch einen genau passenden Holzdübel. In dem Loch wurde ein Safeschlüssel entdeckt, den ein Labor des BKA unschwer einer Schweizer Bank zuordnen konnte. Ein Amtshilfeersuchen des BKA an die Schweizer Behörden ermöglichte bald den deutschen Beamten ein Schließfach zu öffnen, und sie stießen auf ein „Eldorado".

Etliche 5 kg Goldbaren, einige Hunderttausend in US-Dollar und Schweizer Franken. Besonders interessant für den BND, zwei ausländische Pässe auf PS ausgestellt. Dieser Fund spielte eine wichtige Rolle bei dem späteren Prozess, wo es um Landesverrat ging. PS kam in Untersuchungshaft und der Staranwalt Bossi erklärte Verteidiger von PS zu sein. Er briefte PS erfolgreich, indem dieser bei allen Verhören während der halbjährigen U-Haft auf jede Frage mit Banalitäten antwortete wie z.B. „Ihre Frage kann ich nicht beantworten, aber haben sie gehört wie schön die Lerche heute singt?

Neben der Bestechlichkeit kam als schwerer Anklagepunkt der Verdacht des Landesverrats auf. Nachdem PS nichts mehr mit der Panzerung zu tun hatte, wurde vermutet, dass die eigentümliche Panzerform (Kasten) des Leopard2 Turms von PS bewusst falsch konstruiert wurde, um den Panzer leichter zerstörbar zu machen. Dass also in den Blackboxes (deren Inhalt ja nur PS kannte) bewusst wenig wirksames Material integriert war. Dieser Teil der Ermittlungen lief unter VS-Geheim, und deshalb kann hier auch nichts dazu gesagt werden ob Vermutungen zutreffen, dass PS landesverräterisch die Panzerung des Leopard 2 manipulierte.

Auffällig jedoch ist die Tatsache, dass bei der nächsten Nachrüstung des Leopard 2 die senkrechten Flächen am Turm verschwanden und schräge, Geschoss abweisende Flächen erschienen, so wie bei fast allen anderen Panzern üblich.
Der Prozess gegen PS verlief zum Verdruss der

Medien unspektakulär. Rechtsanwalt Bossi handelte mit dem Gericht einen Deal aus. Sein Klient erklärte sich bezüglich Bestechlichkeit und Vorteilsnahme (Strafmaß 6 Monate bis 5 Jahre) in allen Punkten für schuldig, wenn vom Gericht die Anklage wegen Landesverrat (Strafmaß 5 Jahre bis lebenslänglich) fallen gelassen wird. Es gab daraufhin schnell ein Urteil - zwei Jahre Gefängnis unter Anrechnung der U- Haft. PS musste also 18 Monate sitzen. Er saß die Zeit ab.

Als er entlassen wurde, standen verdeckte Beamte des BKA beim Gefängnis, um zu beobachten wer PS abholt. Eine Limousine erschien, PS stieg ohne sich aufzuhalten ein und fuhr zum Flughafen Frankfurt. Bald danach saß unser Protagonist in einem Flugzeug, aus dessen Herkunft der BND vermutlich interessante Schlüsse gezogen hat.

7. Der Herr Oberst und das chinesische Teeservice

Bei einem Geschäftsessen im firmeneigenen Kasino kam zum Tee ein edles chinesisches Teeservice auf den Tisch mit einem sehr hochwertigen Tee. Der Herr Oberst erzählte, dass er eigentlich Kaffeetrinker sei, aber sein Arzt habe ihm empfohlen lieber Tee zu trinken. Wenn er also zukünftig diesen hervorragenden Tee hätte, zumal aus so einem wunderbaren Service getrunken, wäre das für seine Gesundheit und für die gemeinsamen Geschäftsbeziehungen sicher nützlich.

Bei einer anderen Gelegenheit wurde ein Liefervertrag unterschrieben. Der CEO der Rüstungsfirma benutzte dazu einen edlen Mont Blanc Füller, ein Geschenk der Belegschaft zu einem Jubiläum des CEO. (Heutiger Preis etwa 1500 Euro)
Unser Oberst bemerkte dazu, dass es ihm viel leichter fiele die Verträge der Firma zu unterschreiben, wenn er auch über so ein Schreibgerät verfügte.

An diesem Fall wird deutlich, dass die Initiative für eine Bestechung meistens von dem Bestochenen ausgeht der eine Forderung stellt, anders als wie oft angenommen nicht von den Firmen. Das ist viel verwerflicher als die Annahme eines eher aufgenötigten Geschenks.

Der Autor hat den Eindruck, dass die meisten Firmenvertreter Bestechungen verabscheuen, und sie die Bestochenen am Ende des Tages verachten.

8. Der Herr aus dem Rüstungsbereich mit dem Oldtimer

Ein Herr aus dem Rüstungsbereich hatte das schöne aber teure Hobby mit einem Oldtimer. Dieser Wagen war von einer Firma die auch Rüstungsgüter herstellt.

So ein alter Wagen hat oft Probleme mit Rost, Elektrik, Leckagen usw. Richtig warten können solche Edelteile nur die Hersteller, und insbesondere die Spezialisten der den Werksmuseum angeschlossenen Werkstätten.

Daher war klar, dass diese Autofirma immer wieder bei Ausschreibungen gewann, auf die der Herr Beamte Einfluss hatte, sofern diese Firma sich um seinen Oldtimer kümmerte.

9. Handy für den Herrn Büroleiter

Der Büroleiter eines Rüstungsstaatssekretärs hatte sein Handy verloren und klagte überall, dass er nicht mehr kommunizieren könne, insbesondere nicht mit den Herren der Rüstungsindustrie.

Bald fragte er an, ob man ihm nicht ein Handy zur Verfügung stellen könnte.

Man konnte selbstverständlich. Und auch hier wieder, die Initiative zur Bestechung geht vom Bestochenen aus.

10. Mordanschlag auf einen Referatsleiter.

Lange wurde in den Amtsbereichen der Bundeswehr über die Auswahl der zukünftigen Hauptwaffe des Leopard 2 diskutiert und gestritten. Es gab eine Fraktion der Befürworter der 120 mm Glattrohrkanone und eine Fraktion, welche die bewährte 105 mit leistungsgesteigerter Munition bevorzugte. Zunächst gab es nur Austausch von Studien und Noten, dann wurden Besprechungen anberaumt, bei denen es am Ende zu in Gebrüll ausartenden Meinungsverschiedenheiten kam. Der für diese Frage in letzter Konsequenz entscheidende Referatsleiter, der am Schluss dem Inspekteur des Heeres den Vorschlag der Amtsbereiche vorzutragen und zu verantworten hatte, war der stärkste Verfechter der 105 mm Kanone. Nach und nach hatten alle anderen Bereiche sich für die 120 mm Kanone entschieden, bis auf den besagten Referatsleiter. Einer der Referatsleiter hatte sogar einen warnenden Brandbrief an den General der Heeresrüstung geschrieben, in dem er davor warnte, die 105 mm Kanone zu nehmen, weil damit klar gegen den technischen Fortschritt aber vor allem gegen nationale Interessen verstieße, weil die leistungsgesteigerte Munition nicht in Deutschland gefertigt würde.

Einer der härtesten Streits um eine richtige Entscheidung in der Wehrtechnik endete schließlich durch das Urteil eines Staatssekretärs im BMVg. Er "befahl" die 120 mm Kanone zu nehmen. Bis zu diesem Punkt nicht weiter spektakulär. Dann aber wurde auf den "105 mm Referatsleiter" ein Mordanschlag verübt. Beim Überqueren eines Zebrastreifens raste, aus einer nahen Parklücke kommend, ein PKW heran und rammte den Referatsleiter. Schwer verletzt kam er ins Krankenhaus aber überlebte. Die Frage kam auf, ob der Referatsleiter "bestraft" werden sollte, weil er die Erwartung eines Auftraggebers nicht erfüllte? Das BKA soll in dieser Richtung ermittelt haben, es kam aber nie etwas heraus.

11. Der Korruptionsbeauftragte

Die Unsitte durch Bestechungen Vorteile bei der Auftragsvergabe des Bundes zu erwirken, war einem Teil der Wehrtechnischen Industrien keinesfalls recht, man wollte Wettbewerbe gewinnen und setzte in der Entwicklung enorme Mengen Geldes ein, um den Auftraggeber mit der besten Leistung zu überzeugen, und dann kam eine Firma mit der drittbesten technischen Lösung um die Ecke und versuchte durch Bestechung die Entscheider der Bw durch illegale Zuwendungen für ihre minderwertige Technik zu gewinnen.

Der Ärger bei den korrekt arbeitenden Firmen war dann enorm. Eine besonders schlimme Begleiterscheinung dabei war die Demotivation der Mitarbeiter, die ihr Bestes gegeben hatten und nun frustriert waren, dass der ihnen bekannte "Schrott" des Wettbewerbers siegte.

Einige vernünftige Firmenleitungen erkannten das Problem und vereinbarten gemeinsam Verbesserung herbeizuführen. Ein großer Rüstungskonzern stellte auf Empfehlung eines Generals einen Stabsoffizier ein, der den Ruf hatte, besonders gradlinig und an den Prinzipien Preußens orientiert zu sein. Er wurde als Korruptionsbeauftragter eingestellt und berichtete direkt an den CEO, wurde aber zur Tarnung mit einer Geschäftskarte als Assistent der Geschäftsleitung ausgestattet. Seine Stellenbeschreibung war ganz einfach: Aufspüren von Korruption im internen kleinen aber auch großen Umfang, ständige Berichte an die Geschäftsleitung und Durchsetzung von Kontermaßnahmen.

Der Mann räumte binnen kurzem radikal auf. Die damals üblichen reichlich gedeckten Besprechungstische wurden abgeräumt, Zigarettenpackungen, Zigarrenkisten, Pralinen, Kekse, Gummibären und Limonaden gab es nicht mehr mit der stringenten Begründung, dass es den Gästen aus den Ämtern untersagt war, bei Firmenbesuchen mehr als Mineralwasser anzunehmen. Dieses unschlagbare Argument nahm auch rasch den Betriebsräten den Wind aus den Segeln. Sie hatten zunächst protestiert und auf Gewohnheitsrecht gepocht, dann aber klein beigegeben. Nebenher stellte sich auch heraus, dass vermutlich die Hälfte der Waren, besonders Zigaretten, von der Belegschaft am Ende einer Besprechung in ihre Aktentaschen "entsorgt" wurden.

Nach einem Jahr konnte der Korruptionsbeauftragte stolz melden, dass er alleine durch die Abräumaktion im Konzernbereich über eine Million DM eingespart hatte.
Aber dieser vortreffliche Mann gab sich nicht mit solchen „Peanuts" zufrieden. Als nächstes deckte er auf, dass der Leiter der Abteilung für die Herstellung von Werbematerial seit Jahren mit der Druckerei, die den Konzern belieferte, ein Kick- Back Geschäft betrieb.

Der Abteilungsleiter veranlasste, dass der Konzern total überteuerte Rechnungen bezahlte, und er dann im Kick-back die Hälfte des von ihm abgezeichneten Rechnungsbetrages bekam.

Ein ähnliches betrügerisches Verfahren wurde aufgedeckt bei einem Mitarbeiter, der für den sehr umfangreichen Maschinenpark verantwortlich war. Er hatte dafür zu sorgen, dass die Werkzeugmaschinen immer auf dem neusten Stand waren, um den hohen Ansprüchen der Kunden an Qualität zu entsprechen. Das bedeutete, es mussten ständig Werkzeugmaschinen ersetzt werden. Für hochwertige gebrauchte Werkzeugmaschinen gab es einen interessanten Markt. Auf diesem verkaufte er befreundeten Händlern die hochwertigen Maschinen für lächerlich niedrige Preise und bekam dann später im Kick-back Verfahren seinen Anteil.

Der Korruptionsbeauftragte deckte dann einen der spektakulärsten Betrugsfälle auf, die es in diesem Konzern gegeben hat. Es gab eine Fabrik mit Kraft- und Heizwerk, dieses hatte einen hohen Bedarf an Heizöl. Wöchentlich kamen per Bahn Tankwaggons mit Heizöl ins Werk. Der für diesen Bereich zuständige Mitarbeiter zweigte immer wieder Waggons mit Heizöl ab, verschob einen Waggon auf ein abgelegenes Gleis und verkaufte von dort aus zu billigsten Preisen das Heizöl an Privatleute.

Die Aufklärung dieser Kriminalität, es sind nur

Beispiele, brachten dem Korruptionsbeauftragten natürlich hohes Ansehen bei der Geschäftsleitung, aber er war in den Betrieben erwartungsgemäß natürlich zwar gefürchtet aber nicht beliebt. Das konnte er aber leicht ertragen, denn er hatte in der Offiziersausbildung seinerzeit gelernt, dass es nicht darauf ankommt beliebt zu sein, sondern die Durchsetzung des Auftrages zu erreichen.

Jeder Mensch hat seinen Preis.

Robert Walpole (1676 -1745)

12. Der Bundestagsabgeordnete und der Mercedes.

Ein Bundestagsabgeordneter (Verteidigungsaus-
schuss) konnte den Vorstand einer großen Rüstungsfirma nach einiger Mühe davon überzeugen, dass es
nützlich für die Zusammenarbeit wäre, wenn er die vielen Fahrten im gemeinsamen Sinne in einer angemes-
senen Limousine von Mercedes erledigen könnte.
Hier war wohl eine Grenze erreicht. Ja, er bekam den
Wagen aber nur „zähneknirschend".

13.   Offizier in Unterhose im Bordell festgehalten

Ein höherer Offizier des BMVg wandte sich mit der Bitte um Hilfe an eine Firma. Was war geschehen? Der Konzern hatte, wie seit langem Tradition, viele Leute aus dem Amtsbereich zum Oktoberfest nach München gebeten. Ein Tisch für die Gäste direkt an der Bühne stand für zwei Stunden zur Verfügung. Danach gingen die Herren in kleinen Gruppen auf eigene Rechnung in Kneipen oder auch in Bars, auch in solche, die eigentlich Bordelle waren. Ein Referatsleiter ging in ein solches Etablissement. Dort wurde er total ausgenommen, und als er die extrem hohe Rechnung nicht bezahlen konnte, nahm ihm das rabiate Bordellpersonal den Anzug ab, so dass er nur noch in Unterhose dastand. In seiner Not fiel ihm nichts Besseres ein, als den Gastgeber vom Oktoberfest anzurufen, um Hilfe zu bekommen.

Bald hatte er telefonisch den Assistenten der Geschäftsleitung an der Strippe. Dieser sagte dem Anrufer, dass er leider nichts für ihn tun könnte, worauf der

Referatsleiter drohte, den Konzern bei der Vergabe zu-
künftiger Aufträge zu übergehen.

Er bekam zur Antwort:
Ich werde sofort von unserem Gespräch ein Protokoll
machen, das ich Ihnen zur Mitzeichnung schicke und
es, von Ihnen unterschrieben oder auch nicht, an einen
mir gut bekannten Herren bei ES weiterleiten werde.
Nun flehte unser Referatsleiter solches unbedingt zu
unterlassen und das Gespräch als nicht stattgefunden
zu verstehen. Wie dieser Mann seinen Anzug wieder
bekam und sich die Geschichte dann entwickelte ist
nicht bekannt.

Durch Bestechung erworbene
Treue wird durch
Bestechung überwunden.

Seneca 4v.Chr - 65 n.Chr

14. Ein Bundestagsabgeordneter und seine Wünsche

Ein Abgeordneter hatte in seinem Wahlkreis ein großes Wehrtechnisches Unternehmen, um das er sich auch häufig kümmerte und dort zu Besuch kam. Bei diesen Besuchen stellte er sein Auto stets bei der Fahrbereitschaft ab was für diese bedeutete - Tanken, Waschen und polieren sowie eine Stange Zigaretten der Lieblingsmarke des Herrn Abgeordneten auf den Beifahrersitz zu legen.

Der hier erwähnte Abgeordnete des Deutschen Bundestages fühlte sich durch Schwarz-Weiß-Fernsehen nicht mehr ausreichend informiert und bat daher die Firma um Abhilfe des unmöglichen Zustandes, dass „ihr" Abgeordneter nicht optimal informiert war, weil ihm ein Farbfernseher fehlt.

Tage später wurde bei ihm zu Hause ein hochwertiger Farbfernseher ausgeliefert.

1967 wurde in Deutschland das Farbfernsehen

eingeführt, es dauerte aber bis es sich überall durchgesetzt hatte.

Farbfernseher waren in dieser Zeit hochbegehrt, und
wohl viele Firmen der Branche haben „ihre" Beamten
damit beglückt.

15. Die Entwicklung der Panzerhaubitze 2000

Bei Großprojekten wie Starfighter F-104, HS 30 oder Kampfpanzer Leopard 1 wurde zwar von der Presse stets Bestechung vermutet, aber es gelang nicht Korruption zu beweisen. Anders bei dem Großprojekt der Entwicklung einer neuen Panzerhaubitze, dort gelang es deutschen und griechischen Gerichten die der schweren Bestechung Angeklagten Täter hinter Schloss und Riegel zu bringen (Spiegel 15/2002, 15/20159.

Im Jahr 1973 unterzeichneten UK; Italien und Deutschland eine Regierungserklärung, dass gemeinsam eine Panzerhaubitze als Nachfolger der veralteten US – M 109 entwickelt werden soll. Es wurden neben vielen anderen, drei Basisforderungen der Entwicklung für die PzH155-1 festgelegt.

1. Geschütz mit automatischem Lader mit mindestens 3 Schuss in den ersten 10 Sekunden und 10 Schuss in der Minute.

2. Beziehen/Verlassen einer Feuerstellung unter 30 Sekunden.

3. Fahrgestell vom Leopard 1

Diese drei Hauptforderungen stellten sich als konzeptbestimmend heraus. Wobei die dritte (Leopard 1 Fahrgestell) den Keim des „Programmtodes" in sich trug, der dann auch 1985 nach zwölf erfolglosen Entwicklungsjahren, eintrat. In dieser Entwicklungszeit wurden 1,2 Milliarden DM verbraucht, davon 600 Millionen von Deutschland bezahlt. Jeder, der auch nur rudimentäre Kenntnisse über Panzerartillerie hat, weiß, dass es schon damals als ausgeschlossen galt, eine Panzerhaubitze mit Heckmotor zu bauen. Wer also in der Anfangsplanung - in Status nascendi - die Irrsinnsidee hatte den Leopard 1 als Basisfahrzeug festzulegen, trägt die Verantwortung für 12 Jahre fehlgeleitete Entwicklung und 1,2 Milliarden vergeudeten Steuergelder. Die meisten Fachleute konnten diese Forderung nicht begreifen und spekulierten darüber, wie es zu dieser katastrophalen Fehlentscheidung kommen konnte. Es wurde weithin angenommen, dass die Hersteller der

Leopard 1 Fahrgestelle massiv, auf welche Weise auch immer, Einfluss auf die Regierungserklärung von 1973 genommen hatten, um langfristig weiter ihr Leopard 1 Fahrgestell gewinnträchtig produzieren zu können. Es waren damals als Nachfolger der M 109 innerhalb der NATO 4200 neue Panzerhaubitzen geplant. Ein Multimilliardengeschäft, das jeden Einsatz rechtfertigte.

Der Heckantrieb war die Vorgabe mit dem negativsten Effekt, aber auch die Forderung nach 3 Schuss in den ersten 10 Sekunden konnte nicht annähernd erreicht werden. In der 12-jährigen Entwicklung konnte man nie schneller als 16 Sekunden werden, weil ein physikalisch ungeeigneter Lösungsansatz gewählt wurde. Ebenso verhielt es sich hinsichtlich der Forderung nach dem Stellungswechsel innerhalb von 30 Sekunden.

Nach 12 Jahren wurde das Programm PzH 155-1 daher auf Anordnung des Amtes beendet und erklärt, wenn bis Ende 1986 kein Konzept vorliegt, das den Forderungen des Amtes entspricht, die

Bundesrepublik Deutschland eine Panzerhaubitze auf dem Weltmarkt kaufen wird.

Das alarmierte die Rüstungsbranche. Ein Verlust des Auftrages hätte schlimme Folgen für die gesamte Branche. Eine Projektgruppe aus mehreren Firmen wurde rasch gegründet und beschloss am 26 September 1986 schnellstens ein Konzept zu erarbeiten, das bis Ende des Jahres den Nachweis der Erfüllung der Forderungen erbrachte. Um das, mit Recht misstrauische Amt zu überzeugen, reichten für diesen Nachweis keine auf Papier dargestellten Techniken aus. Es musste zur Vertrauensbildung funktionierende Technik in Hardware dem Auftraggeber präsentiert werden, um die drohende Einstellung des Projektes zu verhindern.

Innerhalb weniger Monate wurden die geforderten Leistungen von der neuen Industriearbeitsgruppe nachgewiesen. 1998 gab es dann die Einführungsgenehmigung für die neue Panzerhaubitze 2000.

Natürlich kam nun die Frage auf, wie es möglich ist, dass die erste Projektgruppe innerhalb von 12 Jahren, während der „Verbrennung" von 1,2 Milliarden DM, nicht einmal ansatzweise ein funktionierendes Konzept vorstellen konnte, wogegen eine neue Projektgruppe innerhalb von Monaten das Konzept der neuen Panzerhaubitze als Funktionsmodell realisierte.

Es kam die Frage auf, wer das Desaster zu verantworten hatte. Wo hatte die Dienstaufsicht einschließlich des Bundesrechnungshofes versagt? Wie konnte es dazu kommen, dass trotz fehlender Leistungsnachweise Jahr für Jahr immer wieder neue Budgets genehmigt wurden?

Eingangs wurde vermutet, dass eine Interessengruppe Einfluss bekommen hatte, die aus wirtschaftlichen Gründen Vorteile aus der Verwendung des Fahrgestells vom Leopard 1 erhoffte. Allerdings beruhte dieses auf Annahmen, diesbezügliche Beweise konnten nicht erbracht werden.

Dagegen kam es später in der Phase des Vertriebes der Panzerhaubitze 2000 zu massiver Korruption, welche deutsche und griechische Gerichte aufdeckten und die Beteiligten Straftäter für Jahre hinter Schloss und Riegel brachten. Die deutschen Medien berichteten ausführlich darüber.

Unrecht Gewinn macht den Weisen zum Toren, und Bestechung verdirbt das Herz.

Prediger Salomons 7.7

16. Fahrauftrag von einem Europaabgeordneten

Ein Mitglied des Europäischen Rechnungshofes hatte ein Problem, nach einem Krankenhausaufenthalt in Bonn sollte er zur REHA in ein Sanatorium am Starnberger See.

Wie aber dahin kommen? Bahn oder selber fahren war ihm zu mühselig, deshalb kam er auf die Idee, eine der Firmen der Wehrtechnik, für die er glaubte sich eingesetzt zu haben, um einen Transport in einer Limousine mit Fahrer zu bitten. Eine erste Firma lehnte das Ansinnen des Herrn EU-Abgeordneten ab, worauf er beleidigt abzog, um es bei einer anderen Firma zu versuchen.

17. Die Weihnachtswunschliste

Ein Referatsleiter trat aber wegen einer besonderen Auffälligkeit negativ in Erscheinung. Sein hoch angesehener Vorgänger empfahl diesen Mann als seinen Nachfolger, den er aus seiner Zeit als Leutnant kannte, wohl aus der oft bei Soldaten anzutreffenden Kameraderie.

Obwohl ES vor dem Mann warnte wegen diverser nicht einzuordnender Kontakte und einer ungewöhnlich hohen Verschuldung, die auf diesem Posten, wo er viel mit geheimem Material umgehen musste, kritisch zu betrachten war. Wie auch immer, der Mann wurde dennoch auf diesen Posten versetzt.

Eine seiner ersten Amtshandlungen vor Weihnachten des Jahres war ein Rundbrief in dem er die Industrie darum bat, den Wert der erfahrungsgemäß hochwertigen Weihnachtsgeschenke gezielter einzusetzen, sodass seine Mitarbeiter Geschenke bekommen, die sie auch tatsächlich gebrauchen können. Eine

Wunschliste seiner Mitarbeiter liege bei. Darin stand u.a. eine hochwertige Espressomaschine, ein lederner Rollkoffer (Bordcase), Fotoapparate, Fernglas, mehrere Mont Blanc Füllfederhalter usw. Das alles vor dem Hintergrund des VM - Blattes, in dem festgelegt war, dass Weihnachtsgeschenke mit einem Wert von über 18 DM zurückzuschicken sind.

Ob zu jener Zeit dieser Verstoß gegen die VM – Verordnung eine Ausnahme war oder eher die Regel, ist schwer zu sagen. Der Autor neigt dazu, eher den folgenden Fall als Ausnahme zu betrachten. Ein Projektleiter im BWB ordnete in seinem Bereich an, einen Raum bereitzustellen, in dem die Mitarbeiter die eingehenden Geschenke abzulegen hatten. Kurz vor Weihnachten ging der Projektleiter mit den Mitarbeitern in diesen Raum und ordnete an welche Geschenke wegen Überschreitung der 18 DM Grenze zurückzusenden sind. Also es geht doch, auch ehrlich zu sein.

18.   Eine Kiste Champagner.

Zu einem Truppenversuch auf einem Übungsplatz der Bundeswehr waren die Abordnungen der großen wehrtechnischen Firmen angereist, und hatten eine neue Technik kennengelernt. Eine der Firmen lud am Abend des ersten Tages die Kollegen der Industrie und einige Offiziere des Truppenversuchs in ein gutes Restaurant ein. Der zweite Tag war nach einer Abschlussbesprechung Reisetag.

Der den Truppenversuch leitende Offizier hatte sein Wohnhaus ganz in der Nähe des Übungsplatzes und lud die Herren zum Nachmittagskaffee ein, um die Zeit bis zur Abreise der Offiziere mit der Bahn zu überbrücken. Bei herrlichem Sommerwetter fachsimpelten die Herren auf der Terrasse des Hauses über den Truppenversuch. Nachdem ein Bus die Amtsangehörigen zum Bahnhof gebracht hatte, verabschiedeten sich nach und nach auch die Herren der Industrie und fuhren mit ihren PKW los. Kaum waren sie abgereist, stellte die Dame des Hauses fest, dass in der

77

Garderobe eine große Kiste Champagner der berühmten Marke DOM PERIGNON stand. Offenbar hatte einer der Herren der Industrie sie dort "stehen lassen".

Der Offizier hatte nun ein Problem mit diesem mehrere hundert DM teuren Geschenk. Er gehörte zu der Projektabteilung deren Leiter die oben beschriebene Rücksendung von Geschenken über 18 DM veranlasst hatte. Zunächst rief er die fünf Herren der Industrie an, die bei ihm zu Besuch waren, und fragte ob sie bei ihm etwas vergessen hatten, aber keiner bekannte sich zu der Champagnerkiste. Dann nahm er die Kiste bei nächster Gelegenheit mit und stellte sie seinem Chef auf den Tisch und meldete den Vorgang. Der Chef stellte sofort eine Empfangsquittung aus und bat um einen Termin beim Präsidenten des BWB. Nachdem der Präsident den Sachverhalt kannte, entschied er, da der Absender nicht zu ermitteln war, dass die Kiste von der betreffenden Dienststelle zu vereinnahmen sei und bei der nächsten Betriebsfeier von den Kollegen verkonsumiert werden durfte. Eine weise Entscheidung des Herrn Präsidenten.

Die Sache sprach sich herum und nun fragten sich

viele im Amt welchen Nutzen ein solcher Bestechungsversuch, bei dem nicht bekannt ist von wem das "Geschenk" kommt, für die Industrie haben kann. Die Meisten meinten "kein Erfolg", die Sache verpuffte wirkungslos. Ältere Kollegen waren da anderer Auffassung. Für sie hat eine Bestechung zwei Stufen der Wirkung. Erstens die Offensichtliche. Der Bestochene soll verwöhnt werden und Dankbarkeit entwickeln, die bei zukünftigen Entscheidungen Wirkung entfalten soll. Die negative Alternative dazu entsteht, wenn der Bestochene das Geschenk heimlich annimmt. Im vorliegenden Fall, wenn der Gastgeber den Champagner privat behalten hätte, kann man nicht ausschließen, dass bei einigen Firmen Dossiers über Amtsangehörige geführt werden. In dem vorliegenden Fall würde dort eingetragen "Nahm am ...... ein offenkundig illegales Geschenk an, ohne es zu melden." Damit könnte er im Bedarfsfall erpresst werden.

19. Tschernobyl und die Geigerzähler

Der Störfall im Kernkraftwerk Tschernobyl im Jahre 1986 löste weltweit Entsetzen aus. Besonders in Deutschland entwickelte sich eine Hysterie. Kinder durften nicht mehr draußen spielen, Sandkästen wurden wegen Kontaminierung abgedeckt, Lebensmittel wie Milch, Pilze, Wildfleisch, Fisch galten als gefährlich, und ein Run auf Geigerzähler in den Elektroniklä-den ging los. Marktführer CONRAD meldete innerhalb von Stunden "ausverkauft". Wehrtechnische Unternehmen, von denen man annahm, dass sie Geigerzähler in ihren Labors haben, wurden von Amtsangehörigen "angebettelt" Geigerzähler auszuleihen.

Dem Autor ist eine Firma bekannt, die mit Kurierfahr-zeug drei Geigerzähler auf der Hardthöhe an hochka-rätige Herren gegen Leihschein übergaben. So frag-würdig dieses an sich schon ist, dass diese Geräte trotz Mahnung nie zurückgegeben wurden, ist ein Skandal.

20. Das edle Jagdgewehr

Amtliche Entscheidungsträger der obersten Ebene, wurden nicht mit Albernheiten wie Fernrohre oder Kameras bestochen, nein, sie bekamen Einladungen zu Jet-Set Veranstaltungen in fernen Ländern zu denen oder deren Firmen sie Geschäftsbeziehungen unterhielten. Da gab es Einladungen zu Golfturnieren (all inklusive), zum Beispiel zu Mitternachts Golfen im Schwedischen Sommer, Kamelreiten zu Luxusoasen in den VAE, Formel 1 Rennen in Monaco auf der Ehrentribüne, Tennisturniere in Wimbledon, Einladungen in die Mailänder Scala und immer wieder Jagden, Jagden, Jagden.

Zur Kieler Woche auf einem Schiff der Rüstungsfirmen eingeladen zu sein, galt in der Branche als "Ritterschlag". Damals war der Grand Seigneur der deutschen Industrie Berthold Beiz stets mit seinem Boot mit von der Party. Telefongespräche zwischen den Booten konnten damals von allen an Bord mitgehört werden. Was man da hörte war schlicht lächerlich oder gar zum

Fremdschämen. Völlig belangloser Schwachsinn wurde nur geführt, um den Kollegen der Branche zu zeigen, dass der Große Berthold Beitz ihn kennt und mit ihm telefoniert.

Ein hoher Offizier und Jäger bekam eine Einladung zu einer Jagd im Ausland und wollte sehr gerne teilnehmen, hatte aber das Problem, nicht über eine angemessene Jagdwaffe zu verfügen. Er besaß lediglich einen zur Jagdwaffe umgearbeiteten Karabiner 98 K, also höchst peinlich. Gastgeber war eine Rüstungsfirma, die auch Deutschland belieferte, aber es gab auch ein großes deutsches Rüstungsunternehmen, das in das betreffende Land liefern wollte. Zufällig war der CEO dieser deutschen Firma auch ein passionierter Jäger und sollte ein Interesse daran haben, dass ein deutscher Vertreter bei dieser internationalen Jagd angemessen auftreten konnte.
Also fragte der Offizier bei diesem CEO an, ob er ihm für die anstehende Jagd eine angemessene Waffe borgen könnte. Selbstverständlich war das möglich, denn der Bittsteller war ja über die Bundeswehr auch Kunde der Firma des CEO. Der Chauffeur des CEO brachte

also am nächsten Tag eine edle Waffe im Wert von etwa 30 000 DM nach Bonn.

Wer nun denkt, die Waffe wäre nach Ende der Jagdreise sofort an den CEO zurückgeliefert worden, irrt sich sehr. Es ist immer peinlich, jemanden an eine Rückgabe zu erinnern, das ist schon so bei dem Wunsch ein ausgeliehenes Buch zurückzubekommen. Umso schwerer ist es bei einer hochkarätigen Waffe. Problematisch auch, dass diese Waffe registriert, war und bei einer amtlichen Prüfung ihr Fehlen unangenehm aufgefallen wäre.

Der CEO traf den Offizier in der nächsten Zeit häufig und versuchte durch Bemerkungen den Sachverhalt in Erinnerung zu bringen. Er fragte zum Beispiel, ob er bei der Jagd zum Schuss gekommen sei. Ein anderes Mal wie lang denn bei der besagten Jagd die Strecke war, oder dass der Hersteller der Waffe ein neues Modell herausgebracht hat. Aber keiner der "Winke mit dem Zaunpfahl" entfaltete eine Wirkung. Schließlich war der CEO der Sache leid und ließ seinen Assistenten den säumigen Offizier anrufen und mitteilen, dass am kommenden Freitag der Chauffeur des CEO kommt und die Waffe abholt.

*Nieder mit der Korruption,
oder ich will meinen Anteil.*

Kalenderspruch

21. Das Boot jährlich zum Service

Ein Offizier des Rüstungsbereichs mit großem Einfluss auf Panzergeschäfte hatte privat ein beachtliches Boot, mit dem er während der Sommersaison auf den nationalen Gewässern herumschipperte. Der Unterhalt eines Bootes ist eine kostspielige Angelegenheit, Fachleute sagen, man muss mindestens 10% des Beschaffungspreises für jährliche Kosten einrechnen, das gilt aber nur, wenn keine Umbauten oder Erweiterungen am Boot durchgeführt werden müssen. Der Herr Offizier war aber ein sehr kreativer Mann, dem bis zum Ende der Saison eine Menge Maßnahmen zum Verbessern des Bootes eingefallen waren. Die Realisierung der Maßnahmen würde Geld kosten, viel Geld sogar.

Wir hörten schon, dass der Mann kreativ war, was er auch bei der Finanzierung der Bootskosten unter Beweis stellte. Es musste eine Firma her, die ein Interesse haben würde, sein Bootshobby zu sponsern. In jener Zeit wurde der Bau der Wannen des Leopard 2 ausgeschrieben. Es gab nicht sehr viele Firmen, die diese aufwendigen Schweißarbeiten ausführen konnten. Am ehesten noch Großwerften, die Erfahrung mit dem Schweißen besonders dicker Bleche hatten. Der mit dem notwendigen Einfluss ausgestattete Offizier aus dem Rüstungsbereich setzte durch, dass die Gehäuse des Leopard 2 auf einer norddeutschen Großwerft hergestellt wurden. Fortan ging sein Boot am Ende der Saison zu dieser Werft, um besonders guten Service zu erhalten und nach den Plänen des Bootseigners verbessert zu werden.

Dieses Procedere lief Jahr um Jahr, aber der "Krug geht solange zum Brunnen bis er bricht". Eines Tages lief bei einem großen Forschungsinstitut eine Tagung der Panzerexperten Deutschlands ab. Besagter Offizier hatte dazu eingeladen. Es ging unter anderem um die weitere Finanzierung einer Dokumentation über den Fortschritt der Entwicklung der Panzer und seiner Komponenten. In den vorhergehenden Jahren war es dem Offizier immer wieder gelungen, den beteiligten Firmen Zahlungen zur Finanzierung dieser Dokumentation abzuringen.

Auch heuer versuchte er wieder die Firmen zu Zahlungen zu verpflichten. 5000 DM für kleinere Firmen, 10 000 DM für die Großen.

Es meldete sich ein Herr mit schwäbischem Dialekt zu Wort, der sinngemäß sagte, seiner Firma, ein mittelständiges Unternehmen sei das zu viel Geld. Der Offizier fragte den Herren, um welche Firma es sich denn handele. Der Herr antwortete ganz bescheiden: "Es ist das Haus Daimler Benz", was mit lautem Gelächter des Publikums quittiert wurde.

Am Ende der Tagung standen die meisten Teilnehmer auf der imposanten Treppe des Instituts und warteten auf die Busse, um die Herren zum Bahnhof oder Flughafen zu bringen. Plötzlich fuhr eine schwarze Luxuslimousine vor, der Chauffeur öffnete eine Tür, und der Herr Tagungsleiter stieg ein. Aus dem Nummernschild der Limousine konnte man ableiten, dass das Fahrzeug offenbar zu der Firma gehörte, die die Panzergehäuse des Leopard 2 herstellten.
Einer der auf der Treppe stehenden Tagungsteilnehmer sagte laut "Wie lange das wohl noch gut geht?

Gute Frage, denn bald darauf flogen die Machenschaften des Herrn Offiziers auf. ES hatte erfolgreich ermittelt.

22. Doktorarbeit für den Herrn Referenten

Ein anderer Herr dieser Entscheidungsebene hatte Physik studiert, damals die Absicht zu promovieren nicht realisieren können, und litt nun offenbar sehr darunter, dass die meisten seiner Gesprächspartner von der Industrieseite Doktoren waren. Für den Herren des Amtes war es nun ein großer Vorteil, dass er ein Projekt verwaltete, welches bei einer Firma lief, die fast ausschließlich von der Bundeswehr finanziert wurde. Damit war der Referatsleiter Herr des Geschehens, weil er über die Vergabe der Mittel verfügte. Die Firma lebte fast nur durch die Gelder in Millionenhöhe und "Fraß" daher dem Besagten "aus der Hand".

Dieser sah nun eine Chance am Ende doch noch promovieren zu können und forderte den betreffenden Geschäftsführer auf, durch seine Doktoren eine wasserdichte Dissertation für ihn zu erstellen. Alles lief glatt, bis es zur Disputation seiner Doktorarbeit kam. Natürlich war er von dem Ersteller des Papiers ausführlich auf die Verteidigung vor dem Prüfungsgremium vorbereitet worden, da er aber de facto, trotz seines vor zwanzig Jahren gelaufenen Physikstudiums, keine Ahnung von der Materie hatte, ging die Sache schief.

An diesem Beispiel wird erkennbar, dass es jenseits materieller Güter noch andere Möglichkeiten der Bestechung gibt.

23. Artikel in Wehrtechnischen Fachmagazinen

Eine spezielle Art der Bestechung ergab sich durch die Einleitung von Maßnahmen, welche für die Karriere des Bestochenen förderlich sind. So war es damals üblich, dass die Leitung des Hauses BWB die Abteilungsleiter dazu drängte, in Fachzeitschriften Artikel über ihre Projekte zu veröffentlichen, um dieses Feld nicht ganz der Industrie zu überlassen. Das Amt wollte "Flagge zeigen".

Nun hatten die Abteilungsleiter ein Problem. Sie nahmen an, dass solche Artikel durchaus beurteilungsrelevant sein können, in beiden Richtungen, zum Guten oder Schlechten. Stress kam auf, weil sich die Geforderten ohnehin schon überlastet fühlten. So suchten sie nach Hilfe bei der Industrie. Man möge Bilder, Grafiken, Textbausteine usw. senden. Die Industrie hörte solche Wünsche gerne. Weil es aber trotz deren Hilfe nicht recht voran ging, bot die Industrie schließlich an, den ganzen Artikel (10 oder mehr Seiten) komplett zu schreiben, und der Herr vom Amt könnte dann unter seinem Namen veröffentlichen. So kam es dann auch.

Wenn man nun glaubt, Mitarbeiter der Industriefirmen hätten sich ans Schreiben gemacht, so irrt man gewaltig. Die Arbeit wurde an kleine Ingenieurbüros oder Einzelfachleute vergeben, die dann vortreffliche Artikel ablieferten. Das war nicht ganz billig. In einem Falle wurde bekannt, dass eine Firma für einen langen Artikel an den tatsächlichen Autor einen fünfstelligen Betrag zahlte.

So kam es, dass der Steuerzahler indirekt die Karriere eines Beamten förderte, denn der Artikel kam sehr gut an und der "Autor" bekam viel Lob.

24. Wo sind die Konstrukteure, die wir bezahlen?

In der Abteilung Rü des BMVg saß ein hoher Beamter, der als "Scharfer Hund " galt, und bei dem man nie wagte mit Bestechungen zu kommen, der Mann war gefürchtet. Bei seinen Besuchen bei den Auftragnehmern der Industrie nahm er noch nicht mal einen Kaffee an, sondern begnügte sich auch bei stundenlangen Besprechungen mit einem Glas Mineralwasser, so wie es nach den Erlassen zulässig war.

Esseneinladungen nahm er grundsätzlich nie an, sondern setzte sich, wenn die anderen in das vornehme Kasino gingen, alleine in eine Ecke und verspeiste dort aus einer Brotdose, wie die Bergleute sie haben, seine mitgebrachten Stullen. Der Mann war misstrauisch, weil ihm die Korruptionsusancen der Industrie durchaus geläufig waren. Misstrauisch machte ihn zum Beispiel, dass er bei einer speziellen Firma, deren Entwicklungsabteilung mit 15 Konstrukteuren ein vom Bund bezahltes hohes Budget hatten, welches er immer wieder unterschreiben musste, obwohl die

Ausarbeitungen, die ihm vorgelegt wurden, höchst dürftig waren.

Bei einem etwa zwei Monate vorher durchgeführten Kontrollbesuch dieser Firma war alles in Ordnung. Die vom Bund finanzierten Mitarbeiter saßen alle an den Reisbrettern und zeichneten. Alles schien in Ordnung, der Beamte blieb aber misstrauisch, es sah zu perfekt aus. Vor seinem nächsten Besuch bei dieser Firma bestellte er beim Fahrdienst einen Dienstwagen zu einer Fahrt nach Süden, um dort eine Firma zu besuchen. Als der Fahrer ihn abholte ließ er sich den Fahrbefehl zeigen, strich den Zielort durch und setzte als Ziel den der o.a. erwähnten Firma ein.

Er hatte die Fahrzeit so berechnet das er um 11 Uhr bei der Firma "aufschlug", also weder Frühstück noch Mittagszeit bei fehlenden Mitarbeitern argumentiert werden konnten. An der Wache forderte er, der Direktor möge ihn dort sofort abholen. Dieser kam auch sehr schnell und höchst aufgeregt. Ihm schwante Böses. Er wollte den unerwarteten Besucher aufhalten, indem er ihn erstmal zu einem Frühstück einlud, um Zeit zu gewinnen, damit die Arbeitsplätze, die der Herr vom Amt wie immer sicher sehen wollte, schleunigst besetzt werden konnten.

Aber der Beamte ließ das nicht zu und sagte zum Direktor: „Ich bin heute nur gekommen um Sie zu fragen, wo die 15 Konstrukteure sitzen, die wir Monat für Monat bezahlen?" Es war ein schwarzer Tag im Leben dieses Direktors und ein kostspieliger für die Firma, denn der Rahmenvertrag wurde gekündigt, und für die nicht erbrachten Stunden wurde Schadensersatz durchgesetzt.

Aber noch jemand hatte einen schlechten Tag. Dem Fahrdienstleiter in Bonn wurde nachgewiesen, dass er von mehreren Firmen Bestechungsgelder bekam, wenn er die Firmen vor dem Erscheinen eines Beamten warnte.

25. Korrupte ausländische Offiziere

Im Rahmen internationaler Zusammenarbeit mit anderen Nationen trafen sich im Austausch Delegationen, mal in Deutschland mal im Land der Partner. Es wird hier von einem solchen Treffen berichtet. Die Delegationen kamen immer für vier Tage in das Partnerland zu einer großen Firma der Rüstungsindustrie, die Gastgeber der Tagung war. Es wurde für die etwa 10 Herren starke Delegation pro Nation in einem in der Nähe liegenden Hotel gebucht.

Der große Tisch, an dem die Delegationen sich gegenübersaßen, war wie damals üblich sehr reichlich eingedeckt mit Zigaretten, Pralinen, Keksen, Gummibären und allerlei Getränken. Der Tisch wurde während Unterbrechungen immer wieder aufgefüllt. Der wichtigste Teil dabei war eine Kiste mit Zigarren, und zwar die damals sehr angesagte kubanische COHIBA. (ca. 12 DM pro Stück).

Beim ersten Treffen griff ohne langes Federlesen der ausländische Delegationsleiter im Range eines

Obersts bei den Zigarren zu. Er nahm nicht nur eine der edlen Zigarren, bewahre, er nahm in aller Seelenruhe die ganze Kiste und verstaute sie in seiner Aktentasche. Am nächsten Morgen wiederholte sich das Zigarrenritual zur Verblüffung der deutschen Teilnehmer, denn nun war offenbar der nächste in der Rangfolge dran sein "Zigarren Deputat" zu bekommen. Der stellvertretende Delegationsleiter, ein Oberstleutnant, folgte dem Beispiel seines Chefs und nahm auch die ganze Kiste. Am dritten Tag wieder das gleiche Ritual, nun mit einem Major. Am vierten Tag war ein weiterer Major dran, der aber hatte Pech, denn offenbar waren der Firma die COHIBAS ausgegangen, und er bekam nur eine Kiste mit einer billigeren Zigarre.

Zum Glück rauchte in der deutschen Delegation keiner Zigarren. Gar nicht auszudenken welchen Ärger es hätte geben können, wenn es zu einem "Zigarrenkrieg" zwischen den Nationen gekommen wäre. Aber das erstaunlich geringe Ehrgefühl dieser ausländischen Offiziere war schon bedenklich. Aber es kam noch schlimmer.
Etwa zwei Wochen später erschien der Direktor des

Hotels und beklagte sich über die ausländischen Gäste. Diese hatten eine offene Rechnung von mehreren Tausend DM für Auslandstelefongespräche hinterlassen, was erst jetzt bei der Abrechnung mit der Post offenbar wurde. Die Gäste hatten nachts stundenlang Auslandsgespräche geführt und dann am frühen Morgen in der Reception, bevor das Personal kam, die analogen Zähler manipuliert, indem sie diese mit einer Kugelschreibermine zurückstellten.

Der Hotelwirt konnte davon abgehalten werden die Sache bei der Polizei anzuzeigen, weil ihm der deutsche Delegationsleiter versprach für Zahlung zu sorgen. Es wurde von deutscher Seite befürchtet, dass es zu unerfreulichen diplomatischen Verwicklungen kommen könnte, woran Bonn kein Interesse hatte. Lange Rede kurzer Sinn: Das Auswärtige Amt ersetzte dem Wirt den Schaden.

Bestechung und Diebstahl
sind Vettern ersten Grades.

Aus England

26. Feuerholz und Feuerkörbe

Man kann davon ausgehen, dass es viele Soldaten und Beamte gibt, die kleine Fälle von Korruption erlebten so wie bei "Leutnant Groschen". Der Vorgesetzte, der sein Auto von einem Soldaten waschen oder reparieren lässt. Der Rekrut und Malergeselle, der dem Hauptfeldwebel ein Zimmer tapeziert. Die Rekruten, die beim Umzug helfen oder der Fernsehmechaniker, der die "Flimmerkiste" wieder zum Laufen bringt. Oft bekommen die Akteure dann auch als Dank ein kleines Taschengeld, das aber in keinem Verhältnis zum tatsächlichen Wert ihrer Dienstleistung steht. Das Motiv der jungen Soldaten ist meist von der Angst geprägt, dass sie bei Ablehnung Repressionen ausgesetzt sein könnten.

Auf einer Ebene mit deutlich höherer krimineller Energie liegen dagegen Vorgesetzte, die sich wie ein Standortkommandant regelmäßig Feuerholz aus Bundeswehr Forsten für seinen privaten Kamin mit Dienstfahrzeug bringen und von Bundeswehrpersonal in das

Regal stapeln ließ, oder bei der Standortschlosserei kunstvolle Feuerkörbe bestellte, die er großzügig an befreundete Offiziere verschenkte. Schließlich flog die Sache auf, weil sein Stellvertreter, mit dem er über Kreuz lag, ihn anzeigte.

27. Verkauf von Leitungslösungen an Offiziers-schulen

Bei der Ausbildung an den Offiziersschulen HOS wurden damals in jedem Jahrgang vier große Taktikklausuren geschrieben, die wesentlich die Abschlussbeurteilung bestimmten. Daher war es verständlich, dass die Lehrgangsteilnehmer sehr interessiert waren vorher die taktische Leitungslösung zu erfahren. Man überlegte, wie man an diese Leitungslösung herankommen könnte. Die Taktiklehrer direkt anzusprechen war unmöglich, diese hatten gemeinsam die Klausuren und Leitungslösungen entwickelt. Eine Sekretärin im S3 Stab musste dann alles schreiben. Diese Dame könnte in Frage kommen, und der S3 Feldwebel, der die Klausuren organisieren sollte, konnte auch ein Einfallstor sein. Und so war es dann auch. Er verkaufte an Leutnants denen er vertraute die Leitungslösung für 50 DM, allerdings klugerweise nicht wörtlich, sondern nur sinngemäß, um es unwahrscheinlich zu machen, dass die Sache aufflog.

Bei der anderen HOS wurde von einem besonders

attraktiven Leutnant die S3 Sekretärin "angebaggert" und diese wenig attraktiv - ein alterndes Mädchen, stimmte begeistert zu, als der Leutnant zu einem Restaurantbesuch einlud und durchblicken ließ, dass es danach auch Intimitäten geben könnte. Sie brachte die Leitungslösung mit, aber im Originaltext. Der Leutnant sah zwar gut aus, war aber wohl nicht das hellste Licht auf der Torte, denn er verkaufte die original Leitungslösung für DM 100. Natürlich kam es wie es kommen musste, die Gleichheit im Text fiel auf und Vernehmungen für den nächsten Tag waren angesagt. Die betroffenen Leutnants berieten was zu tun ist. Man wollte unerbittlich schweigen. Aber da war ein Problem. Ein Leutnant der ganz offensichtlich nicht dem Verhör gewachsen sein würde. Man musste handeln und beschloss den Mann aus dem Verkehr zu ziehen. Mit Hilfe eines befreundeten Apothekers wurde ein besonders stark wirkendes Abführmittel besorgt und dem Leutnant verpasst.

Der Plan ging auf und in der Zeit in der beim Schulstab vernommen wurde und nichts dabei heraus kam, saß der Wackelkandidat im Sanitätsbereich auf der Toilette und quälte sich mit den „Nebenwirkungen" des Abführmittels und wurde dort schlicht vergessen.

28. Reisekostenabrechnung - der „kleine Betrug"

Personalchefs wissen wie man Mitarbeiter los wird, bei denen eine normale Kündigung wegen verschiedener gesetzlicher Hürden nicht zum Ziel führt. Ein Reisekostenexperte nimmt sich die Reisekosten Abrechnung des „Kandidaten" vor und prüft Reisen, die auch Jahre oder Jahrzehnte zurückliegen können. Oft finden sie Betrug und die Kündigung ist perfekt.

Die Versuchung mit dieser vermeintlichen „Gelddruckmaschine" durch falsche Angaben in der Reisekostenabrechnung sein Einkommen aufzubessern ist für einige offenbar unwiderstehlich. Da wird dann z.B. eingetragen, dass man das volle Kilometergeld für die Fahrt mit dem Privatauto bekommen soll, obwohl man mit einem Kollegen oder gar im Wagen eines Firmenvertreters fuhr, der sogar von zu Hause abholte.

Oder man war zum Abendessen von einer Firma in ein Edelrestaurant eingeladen, forderte in der Abrechnung aber dennoch die volle Verpflegungspauschale. Da es kaum jemanden aufzufallen schien gab es einen Verstärkungseffekt, denn die Antragsteller wurden, weil ja nichts beanstandet wurde, mit ihren Forderungen immer dreister und legten z.B. fingierte Quittungen für Taxifahrten vor.

Die höchste Form des Betruges in diesem Bereich gab es mit Hotelrechnungen, wenn die gastgebende Firma den Amtsvertreter in ein firmeneigenes Gästehaus oder ein örtliches Spitzenhotel, natürlich kostenlos, unterbrachte.
Der Amtsvertreter bekam dann zum Abschied noch eine fingierte, schon bezahlte Hotelrechnung eines einfachen Hotels, damit er etwas zum Eintragen in seiner Reisekostenabrechnung hatte.

Es hat Personalabteilungen bei Firmen gegeben, die ganz bewusst Reisekostenforderungen, die offenbar fragwürdig waren, nicht reklamierten um erforderlichenfalls später Material für eine problemlose Kündigung zu haben.

Bei den Truppendienstgerichten scheinen die meisten

Verfahren wegen Abrechnungsbetrug geführt worden zu sein. Etliche Fälle sind bekannt in denen Degradierung, Entlassungen, massive Kürzungen der Bezüge und der Pensionen die Folge waren. Und das alles wegen eines Plus von etwa einhundert DM bei der Reisekosten-abrechnung. Der reine Irrsinn.

29. Sex sells - Beamter und die perverse Prostituierte

Ein auffälliges Ziel der Korruption war ein Beamter, der für die laufende Beschaffung von Verbrauchsmaterial verantwortlich war. Eigentlich gibt es in diesem Bereich nur wenig Anlass zu Besprechungen bei Herstellern, aber dieser Mann liebte Besprechungen beim Hersteller über alles und beraumte solche an, sooft gerade noch vertretbar. Das hatte auch einen ganz einfachen Grund, er tagte vorzugsweise bei einem großen Unternehmen, welches der BW laufend hohe Rechnungen für Verbrauchsmaterial ausstellte, Rechnungen die dieser Beamte prüfen und abzeichnen musste.

Und diese Firma "liebte" ihn, denn er war Garant für laufendreibungslos abgewickelte Geschäfte. Die Reibungslosigkeit wurde durch Folgendes befördert:

- Abholung am Bahnhof mit Vorstandslimousine
- Transport zum ersten Hotel am Ort
- Einquartierung in die immer gleich Edelsuite des

Hauses
- Minibar mit edlen Getränken gefüllt natürlich kosten-
  frei
- Auf Abruf immer die gleiche Prostituierte, die sich
  auf gewünschte Perversionen verstand

Hier sei erwähnt, dass der Mann adipös und ungewöhnlich unattraktiv war, aus Sicht wohl der meisten
Frauen ein echtes "Ekelpaket". Der Beamte verbrachte
die Nacht meist in der Hotelbar mit seiner "Dame" und
sollte am nächsten Morgen bei der Firma um 9 Uhr die
Sitzung eröffnen, erschien meistens erst gegen 11 Uhr,
lallte ein paar Sätze, die eine Begrüßung sein sollten
und forderte dann den Gastgeber auf über den neusten
Stand der Technik ihrer Produkte vorzutragen. Bei diesem Vortrag schlief er für gewöhnlich bald ein und
schnarchte laut.

Mit Mühe konnte er dann zum Mittagessen geweckt
werden. Selbiges nahm er mit Herren des Vorstandes
ein und wurde anschließend mit der Vorstandslimousine zum Bahnhof gefahren. Auf seinem Sitz fand er
einen Briefumschlag vor in dem die bezahlte

Rechnung eines einfachen Hotels lag, damit er bei seiner Reisekostenabrechnung eine Unterkunft eintragen konnte. Wie schon gesagt, diese Firma liebte nämlichen Beamten über alles. Warum wohl?

30. Der „kleine Diebstahl"

Bei einer Chefbesprechung beim Bataillon kam zum Schluss die Frage des für Logistik zuständigen Offiziers S4 auf, ob die Stärke des Verbandes noch immer etwa 1000 Mann sei. Der Kommandeur war ob dieser Frage erstaunt und fragte nach dem Grund. Der S4 Offizier erläuterte: Nach den auf Statistik gründenden Tabellen über Verbrauchsmaterial pro Kopf stehen jedem Soldaten 6 Rollen Toilettenpapier pro Monat, also 72 Rollen im Jahr zu. Diese Menge hat die Logistik vorzuhalten.

Nun liegen die Dinge aber so, dass gemessen am Verbrauch unseres Bataillons an Toilettenpapier dieses ein Stärke von etwa 3000 Mann haben müsste. Er könne sich den Schwund nur durch Diebstahl erklären und schlage eine Fahrzeugkontrolle beim Verlassen der Kaserne vor.

Die Aktion war ein voller Erfolg hunderte Rollen Klopapiers wurden innerhalb eines Monats gefunden.

Unterstellt man nun, dass der Diebstahl von Klopapier zur Versorgung der Familien der Soldaten überall ähnlich war, dann kamen damals mit 480 000 Soldaten (Soldatinnen gab es noch nicht) folgende Menge zusammen

72 Rollen pro Mann/Jahr x 480 000 = rund 34 Millionen.
Wert pro Rolle 20 Pfennig = 6,8 Mio. DM.
Die gestohlene Menge, also 2x34 Millionen = 68 Mio. hatten damals einen Wert von 13,6 Mio. DM.

Man stelle sich das einmal vor. Allein durch für den Diebstahl von Klopapier musste der Steuerzahler jährlich über 13 Millionen DM aufbringen. Man muss dabei natürlich auch noch an anderes, wohlfeiles Diebesgut denken, dessen Wert auch im Millionenbereich liegen dürfe. Man denke an die oben gebrachte Geschichte von der Kontrolle der Küchenfrauen. Diebstahl von Reinigungsmitteln, Lebensmittel, auch Benzin oder Diesel.

Hier handelt es sich nicht um Korruption aber um eine Form von Kleinkriminalität, die in der Summe mehr

schadet als andere, spektakulärere hier beschriebene
Fälle.

31.   Statt Nachtübung ein Schäferstündchen.

Die Grenadierkompanie war für 14 Tage auf einem Übungsplatz. Es trat eine gewisse Müdigkeit ein, und dem Kompaniechef gefiel etliches am Verhalten seiner Soldaten nicht, deshalb befahl er für die kommende Nacht eine Spezialausbildung und ging anschließend zur NATO-Pause in die Kantine.

Bald kam die attraktive Wirtin (Anfang 40) zum Tisch des Kompaniechefs und sprach ihn wegen der Nachtübung an, von der sie gerade erfahren hatte. Könnte er die Übung nicht verschieben?

Der Kompaniechef erklärte warum das nicht möglich sei. Sie sagte, es wäre eine große Härte für ihr Geschäft, weil einer der Feldwebel heute vierzig wird und zu einer großen Party eingeladen habe. Ob es nicht doch eine Möglichkeit gebe die Nachtübung abzusagen.

Nach einigem hin und her bot die Frau an, mit dem

Hauptmann nach oben zu gehen und ein nettes Schäferstündchen zu genießen. Nun machte sich die lange Trennungszeit des Hauptmanns von seiner Freundin bemerkbar, und er ging mit der "Frau Wirtin" nach oben, und die beiden hatten eine gute Zeit miteinander. Anschließend befahl der Hauptmann zur Freude der Soldaten die Nachtübung abzusagen.

Geld macht nicht korrupt,
kein Geld schon eher.

Deutsches Sprichwort

32. Huren im Staatsdienst

Vor der Wende 1989 kursierte in Westdeutschland das Gerücht, dass Geschäftsleute und Politiker beim Besuch in der DDR in speziellen Hotels untergebracht wurden um ausgehorcht und erpresst zu werden.

Dazu trafen die Gäste an der Hotelbar „Damen", die von der STASI zu Ausspähungshuren ausgebildet wurden und fest angestellt waren. Sie sollten im Gespräch Informationen herauslocken aber vor allem die Gäste im Bett dazu bringen bei Sex fotografiert zu werden um mit den Fotos zu erpressen. Die Medien berichteten gelegentlich darüber aber immer unter dem Vorbehalt, dass es sich um Gerüchte handele.

1987 gab es die „Barschel Affäre". Der ehemalige Ministerpräsident von Schleswig- Holstein, Uwe Barschel wurde ermordet, und sein Tod mit derlei Erpressung in Zusammenhang gebracht. Bei den Medien aber immer noch unter dem Vorbehalt, dass es sich um ein Gerücht handele.

Dann kam die Wende und damit die üblen Machenschaften der STASI ans Licht. Auch deren Praxis der Erpressungen von Politikern und Geschäftsleuten mit Sexfotos.

Das erstaunliche dabei war, dass es hunderte von Fällen von Erpressungen mit Sexfotos gab, aber nicht einer der Herren hatte das zur Anzeige gebracht, was die Wirksamkeit der „Sex Methode" zur Erpressung unter Beweis stellt.

Es musste erst eine Frau kommen, die der Welt zeigte wie man mit Erpressern richtig umgeht. Susanne Klatten, BMW-Erbin und reichste Frau Deutschlands hatte in einem Wellness Hotel in Tirol den Gigolo Helg Sgarbi kennen gelernt. Sgarbi war Mitglied einer kriminellen Vereinigung darauf spezialisiert superreiche Damen durch ihre Gigolos zum Sex zu bringen, kompromittierende Videos bei den Treffen im Bett zu machen und dann zu erpressen. Die Kriminellen forderten von Frau Klatten für das Video mit ihr in einer peinlichen Situation 48 Millionen Euro.
Susanne Klatten dachte nicht daran zu zahlen,

beauftragte eine Detektei die Sache wasserdicht beweisbar zu machen und zeigte Sgarbi dann an. Der Gigolo bekam für seine Erpressung 6 Jahre Gefängnis, die er auch absaß. Das erstaunliche daran war jedoch, dass die Detektive im Rahmen ihrer Recherchen etwa zehn weitere superreiche Damen herausfanden, die alle von diesen Kriminellen erpresst wurden und immer wieder zahlten und zahlten.

Susanne Klatten schlug diesen Opfern vor sich an der Anzeige zu beteiligen (ohne Kosten).

Alle diese Damen lehnten es ab als Zeugen aufzutreten, zu peinlich war ihnen die Sache, sie zahlten lieber weiter. Hier wird erkennbar wie hochwirksam sexuelle Erpressung bei der Verfolgung illegaler Ziele ist. Offenbar ist nur eine Multimilliardärin unabhängig genug um sich durch eine Anzeige von solchen Parasiten zu befreien.

Selbstverständlich hat es in Westdeutschland seitens des Staates nie Verbrechen, wie die der STASI gegeben, aber das hoch erfolgreiche Prinzip der Erpressung mit Sex hat mit Sicherheit in anderen Bereichen

Wirksamkeit entfaltet, wie die folgenden Beispiele zeigen.

33. Erpressung durch Videomitschnitte

In der Branche war hinlänglich bekannt, dass von einigen Firmen nach einem Abendessen die Gäste aus den Ämtern zu einem „Absacker" in eine Bar eingeladen wurden. Dort waren „rein zufällig" reizende junge Damen anzutreffen, die den Herren eine Annäherung leicht machten, und deshalb landete man bald ein Stockwerk höher im Bett.

Dass in dem Raum eine Kamera wie bei der STASI oder Herrn Sgarbi eingebaut war, um dort zur Erpressung geeignete Videos zu machen, ist naheliegend.

So ein Video ist vor dem Hintergrund der STASI oder des Falle Sgarbi wohl das wirksamste Instrument, um Entscheidungen zu erzwingen. Stellen Sie sich vor, einem Beamten wird vom Erpresser gesagt: „Wenn Sie sich nicht bei der Vergabe des Auftrages für unsere Firma entscheiden, werden wir ES melden, dass Sie zu Weihnachten im letzten Jahr eine teure Lederaktentasche als Geschenk angenommen haben."
Oder:

Wenn Sie nicht für uns entscheiden werden wir das Video Ihrer Frau, Ihren Kindern und Nachbarn und Ihren Vorgesetzten zeigen.

Haben Sie noch Zweifel, wie der Herr Beamte sich entscheiden wird?

Selbstverständlich hat es in Westdeutschland seitens des Staates nie Verbrechen, wie die der STASI gegeben, aber das hoch erfolgreiche Prinzip der Erpressung mit Sex hat mit Sicherheit in anderen Bereichen Wirksamkeit entfaltet, wie die folgenden Beispiele zeigen.

34.   Wo ist der Safety Place?

Während der siebziger Jahre war der größte Standort des Heeres die Garnisonstadt Munster in der Lüneburger Heide. Dort führte die Bundeswehr ihre modernsten Waffen vor, darunter auch solche für die es Interessenten aus dem Ausland gab.

So kamen zu der damals berühmten Waffenschau „Die gepanzerten Fahrzeuge des Heeres" sehr viele Zuschauer aus aller Welt. Höhepunkt war wohl das Jahr 1975 als diese Show 23-mal geboten wurde. Und fast immer Delegationen aus dem Ausland dabei, geführt von den Vertretern der Rüstungsfirmen, die ihre Produkte in Funktion den Gästen vorführen konnten. Abends wurden die Gäste dann in die Restaurants eingeladen. Danach fragten vor allem Asiaten wo denn der „Safety Place" ist. Die Deutschen Firmenvertreter mussten erst lernen, dass diese Frage international üblich ist und bedeutet, wo ist nun das Bordell in das ihr uns einladen wollt?

35. Das Etablissement der Prinzessin

Da hatte Munster einiges als Garnison zu bieten. Der ehemalige Bürgermeister der Stadt Herr Adolf Köthe schrieb in seinem Buch über die Vergangenheit Munsters:

„Das ist schon etwas Einzigartiges, quasi ein kleines St. Pauli mitten in Munster" (Zitat aus dem HEIDE KURIER 04.04.2019)

Es gab etwa 50 Gaststätten und viele Bordelle an der NATO- Straße. Natürlich waren die meisten Kneipen nicht für höhere Ränge geeignet, aber es gab auch vornehmere Etablissements, wie die von einer angeblichen „Prinzessin" von Sachsen-Anhalt geführte Nachtbar, in der die Prinzessin de facto Puffmutter war.

Die internationalen Entscheidungsträger wurden dort zur abendlichen Entspannung eingeladen. Höhere deutsche Dienstgrade sah man kaum, zu vielen Leuten war man dort bekannt.

36. Der Trick mit der Schere

Wenn man seinen Gästen einen unbeschwerten Abend im Bordell bieten will, gab es schon immer ein Problem mit der Bezahlung. Prostituierte bieten ihre Dienstleistungen meist nur gegen Vorkasse an. Das Risiko, dass die Freier nach Abschluss des Service ohne zu zahlen verschwinden, ist natürlich zu hoch. Andererseits will die Firma, die eine Nutte für den Gast bucht auch nicht das Risiko eingehen, dass die Dame ohne vorher zu arbeiten mit dem Geld verschwindet.

Ein cleverer Manager eines Rüstungsunternehmens erfand die Lösung des Problems, die dann von etlichen kopiert wurde. Den Trick mit der Schere. Wenn ein Mädchen gebucht wurde, nahm der Manager eine Schere und schnitt einen Geldschein genau in der Mitte durch.

Dadurch war er sicher, dass das Mädchen den Service erbringt, denn nach erfolgreicher Arbeit konnte sie sich die andere Hälfte des Scheins abholen und die beiden

Teile mit Tesafilm zusammenkleben. Sofern die Seriennummern auf beiden Hälften gleich waren nahm die Bank den Schein an.

37. Ein Toter im Bordell

Helle Aufregung in Munsters Rotlichtszene. In einem Bordell war ein Freier auf dem Lotterbett verstorben. Dem Mann war es wohl so ergangen wie im Jahre 1912, als in einem Hamburger Bordell Frederic der VIII, König von Dänemark bei einem „Verkehrsunfall" verstarb.

Die Rotlichtszene befürchtete nun Ermittlungen durch die Kripo, dazu eventuell noch diplomatische Verwicklungen, sofern es sich um einen hochrangigen ausländischen Freier gehandelt hat.

Aber Gemach. Der Freier war ein Munsteraner Familienvater und seine Witwe hatte kein Interesse an Untersuchungen und Pressenachrichten.

38. Die Damen von der NATO Straße zum Frühstück

In jener Zeit gab es das anerkannt beste Frühstück in Munster im Offizierskasino. Das hatte sich auch auf der nicht weit entfernten NATO-Straße unter den dort des Nachts tätigen „Damen" herumgesprochen. So kam es vor, dass die „Damen" im Offizierskasino möglichst nah am Ausgang (Fluchtweg) des Morgens einen Platz suchten. Die als Ordonanzen eingeteilten jungen Soldaten hatten noch nicht das Selbstbewusstsein, diese Gäste herauszuwerfen, deshalb informierten sie den Kasinofeldwebel, der mit den unerwünschten Besuchern kurzen Prozess machte. Dabei kam es zu Palaver und Geschrei.

Gut in der Erinnerung ist der Ausruf einer der Frauen: „Eure Offiziere v......n uns die ganze Nacht, aber ein kleines Frühstück ist dann wohl zu viel verlangt."

Ausblick

Am Ende der Bearbeitung eines unerfreulichen Themas wie das der Korruption hofft der Autor als Fazit eine frohe Botschaft der Leserschaft übermitteln zu können. Die Botschaft, dass er vor dem Hintergrund seiner über sechzig jährigen Erfahrung beim Militär, der Waffenentwicklung, der Rüstungsindustrie und der allgemeinen Industrie Anzeichen erkennt, dass sich das Problem mit der Korruption gemildert hat. Leider muss der Autor aber mitteilen, dass keine Verbesserung erkennbar wurde.

Gewiss, namentlich das BMVg hat etliche Anstrengung unternommen, indem es mit RÜ III1 ES das Thema Korruptionsprävention in den Fokus gerückt hat. Aber da Korruption und Unehrlichkeit zunächst ein gesamtgesellschaftliches Problem ist, kann man nur wenig hoffnungsvoll in die Zukunft schauen.

Die Schwerpunkte jüngerer Generationen haben sich doch sehr verlagert. Das Interesse an materiellen

Gütern, Freizeit, „work -life- balance" und individueller Verwirklichung ist so stark in den Vordergrund gerückt, dass man Zweifel hat, ob Moral und Ethik noch den Stellenwert besitzen wie Mitte des vorigen Jahrhunderts. Und obwohl ich annehme, dass es damals um diese Werte deutlich besser bestellt war als heute, sind dennoch schon damals viele Korruptionsfälle aufgetreten. Wie viele mögen es heute sein?

Bei ES wird man es wissen. Und man wird auch in Anschlag bringen, dass damals die Bundeswehr eine Stärke von 480.000 Soldaten hatte, verglichen mit der heutigen Stärke von 180.000. Somit müssten natürlich rein statistisch weniger Fälle auftreten. Sofern es tatsächlich so ist, wird man beim BMVg eventuell weniger Fälle nicht unbedingt als Erfolg werten, sondern fragen, wie viele Fälle per 100 000 Soldaten auftraten.

Der Autor, dessen Motiv die Bekämpfung der Korruption in den Streitkräften ist, hofft natürlich mit seiner Einschätzung unrecht zu haben und alles hat sich deutlich verbessert.

Nun verabschiedet der Autor sich in den Zeiten des Ukrainekrieges von seiner Leserschaft mit einem Gedicht von Matthias Claudius (1787), das während der Nazizeit in Deutschland verboten war.

's ist Krieg

's ist Krieg, 's ist Krieg! O Gottes Engel wehre, und rede Du darein!
's ist leider Krieg - und ich begehre, Nicht Schuld daran zu sein!

Was soll ich machen, wenn im Schlaf mit Grämen Und blutig, bleich und blass,
die Geister der Erschlagenen zu mir kämen, Und vor mir weinten, was?

Wenn wackere Männer, die sich Ehre suchten, Verstümmelt und halb tot
Im Staub sich vor mir wälzten und mir fluchten In ihrer Todesnot?

Wenn tausend tausend Väter, Mütter, Bräute,
So glücklich vor dem Krieg,
Nun alles elend, alles arme Leute, Wehklagten über
mich.

Wenn Hunger, böse Seuch und ihre Nöten Freund,
Freund und Feind ins Grab Versammelten, und mir zu
Ehren krähten Von einer Leich herab?

Was hülf mir Korn und Land und Gold und Ehre? Die
könnten mich nicht freuen!
's ist leider Krieg - und ich begehre, Nicht Schuld daran
zu sein.

Matthias Claudius 1784

Literaturverzeichnis

SPIEGEL, 44/1966

SPIEGEL, 5/1966

FOCUS, 07.03.2014

FAZ, 06.02.2013

HEIDE KURIER, 04.04.2019

VM Blatt BMVg Fü S/Pers. Az 75-70-00/042

Matthias Cludius, kein Verlag, 20.03.2022

Aphorismen.de, Aphorismen, Zitate, Sprüche, 2022

Auszug aus Strafgesetzbuch StGB

Strafgesetzbuch (StGB)

§ 94 Landesverrat

(1) Wer ein Staatsgeheimnis

1. einer fremden Macht oder einem ihrer Mittelsmänner mitteilt oder

2. sonst an einen Unbefugten gelangen läßt oder öffentlich bekanntmacht, um die Bundesrepublik Deutschland zu benachteiligen oder eine fremde Macht zu begünstigen,

und dadurch die Gefahr eines schweren Nachteils für die äußere Sicherheit der Bundesrepublik Deutschland herbeiführt, wird mit Freiheitsstrafe nicht unter einem Jahr bestraft.

(2) In besonders schweren Fällen ist die Strafe lebenslange Freiheitsstrafe oder Freiheitsstrafe nicht unter fünf Jahren. Ein besonders schwerer Fall liegt in der Regel vor, wenn der Täter

1. eine verantwortliche Stellung mißbraucht, die ihn zur Wahrung von Staatsgeheimnissen besonders verpflichtet, oder

2. durch die Tat die Gefahr eines besonders schweren Nachteils für die äußere Sicherheit der Bundesrepublik Deutschland herbeiführt.

§ 97 Preisgabe von Staatsgeheimnissen

(1) Wer ein Staatsgeheimnis, das von einer amtlichen Stelle oder auf deren Veranlassung geheimgehalten wird, an einen Unbefugten gelangen läßt oder öffentlich bekanntmacht und dadurch fahrlässig die Gefahr eines schweren Nachteils für die äußere Sicherheit der Bundesrepublik Deutschland verursacht, wird mit Freiheitsstrafe bis zu fünf Jahren oder mit Geldstrafe bestraft.

(2) Wer ein Staatsgeheimnis, das von einer amtlichen Stelle oder auf deren Veranlassung geheimgehalten wird und das ihm kraft seines Amtes, seiner Dienststellung oder eines von einer amtlichen Stelle erteilten Auftrags zugänglich war, leichtfertig an einen Unbefugten gelangen läßt und dadurch fahrlässig die Gefahr eines schweren Nachteils für die äußere Sicherheit der Bundesrepublik Deutschland verursacht, wird mit Freiheitsstrafe bis zu drei Jahren oder mit Geldstrafe bestraft.

(3) Die Tat wird nur mit Ermächtigung der Bundesregierung verfolgt.

§ 242 Diebstahl

(1) Wer eine fremde bewegliche Sache einem anderen in der Absicht wegnimmt, die Sache sich oder einem Dritten rechtswidrig zuzueignen, wird mit Freiheitsstrafe bis zu fünf Jahren oder mit Geldstrafe bestraft.

(2) Der Versuch ist strafbar.

§ 246 Unterschlagung

(1) Wer eine fremde bewegliche Sache sich oder einem Dritten rechtswidrig zueignet, wird mit Freiheitsstrafe bis zu drei Jahren oder mit Geldstrafe bestraft, wenn die Tat nicht in anderen Vorschriften mit schwererer Strafe bedroht ist.

(2) Ist in den Fällen des Absatzes 1 die Sache dem Täter anvertraut, so ist die Strafe Freiheitsstrafe bis zu fünf Jahren oder Geldstrafe.

(3) Der Versuch ist strafbar.

§ 253 Erpressung

(1) Wer einen Menschen rechtswidrig mit Gewalt oder durch Drohung mit einem empfindlichen Übel zu einer Handlung, Duldung oder Unterlassung nötigt und dadurch dem Vermögen des Genötigten oder eines anderen Nachteil zufügt, um sich oder einen Dritten zu Unrecht zu bereichern, wird mit Freiheitsstrafe bis zu fünf Jahren oder mit Geldstrafe bestraft.

(2) Rechtswidrig ist die Tat, wenn die Anwendung der Gewalt oder die Androhung des Übels zu dem angestrebten Zweck als verwerflich anzusehen ist.

(3) Der Versuch ist strafbar.

(4) In besonders schweren Fällen ist die Strafe Freiheitsstrafe nicht unter einem Jahr. 2Ein besonders schwerer Fall liegt in der Regel vor, wenn der Täter gewerbsmäßig oder als Mitglied einer Bande handelt, die sich zur fortgesetzten Begehung einer Erpressung verbunden hat.

§ 257 Begünstigung

(1) Wer einem anderen, der eine rechtswidrige Tat begangen hat, in der Absicht Hilfe leistet, ihm die Vorteile der Tat zu sichern, wird mit Freiheitsstrafe bis zu fünf Jahren oder mit Geldstrafe bestraft.

(2) Die Strafe darf nicht schwerer sein als die für die Vortat angedrohte Strafe.

(3) Wegen Begünstigung wird nicht bestraft, wer wegen Beteiligung an der Vortat strafbar ist. 2Dies gilt nicht für denjenigen, der einen an der Vortat Unbeteiligten zur Begünstigung anstiftet.

(4) Die Begünstigung wird nur auf Antrag, mit Ermächtigung oder auf Strafverlangen verfolgt, wenn der Begünstiger als Täter oder Teilnehmer der Vortat nur auf Antrag, mit Ermächtigung oder auf Strafverlangen verfolgt werden könnte. 2§ 248a gilt sinngemäß.

§ 263 Betrug

(1) Wer in der Absicht, sich oder einem Dritten einen rechtswidrigen Vermögensvorteil zu verschaffen, das Vermögen eines anderen dadurch beschädigt, daß er durch Vorspiegelung falscher oder durch Entstellung oder Unterdrückung wahrer Tatsachen einen Irrtum erregt oder unterhält, wird mit Freiheitsstrafe bis zu fünf Jahren oder mit Geldstrafe bestraft.

(2) Der Versuch ist strafbar.

(3) In besonders schweren Fällen ist die Strafe Freiheitsstrafe von sechs Monaten bis zu zehn Jahren. Ein besonders schwerer Fall liegt in der Regel vor, wenn der Täter

1. gewerbsmäßig oder als Mitglied einer Bande handelt, die sich zur fortgesetzten Begehung von Urkundenfälschung oder Betrug verbunden hat,

2. einen Vermögensverlust großen Ausmaßes herbeiführt oder in der Absicht handelt, durch die fortgesetzte Begehung von Betrug eine große Zahl von Menschen in die Gefahr des Verlustes von Vermögenswerten zu bringen,

3. eine andere Person in wirtschaftliche Not bringt,

4. seine Befugnisse oder seine Stellung als Amtsträger oder Europäischer Amtsträger mißbraucht oder

5. einen Versicherungsfall vortäuscht, nachdem er oder ein anderer zu diesem Zweck eine Sache von bedeutendem Wert in Brand gesetzt oder durch eine Brandlegung ganz oder teilweise zerstört oder ein Schiff zum Sinken oder Stranden gebracht hat.

(4) § 243 Abs. 2 sowie die §§ 247 und 248a gelten entsprechend.

(5) Mit Freiheitsstrafe von einem Jahr bis zu zehn Jahren, in minder schweren Fällen mit Freiheitsstrafe von sechs Monaten bis zu fünf Jahren wird bestraft, wer den Betrug als Mitglied einer Bande, die sich zur fortgesetzten Begehung von Straftaten nach den §§ 263 bis 264 oder 267 bis 269 verbunden hat, gewerbsmäßig begeht.

(6) Das Gericht kann Führungsaufsicht anordnen (§ 68 Abs. 1).

§ 266 Untreue

(1) Wer die ihm durch Gesetz, behördlichen Auftrag oder Rechtsgeschäft eingeräumte Befugnis, über fremdes Vermögen zu verfügen oder einen anderen zu verpflichten, mißbraucht oder die ihm kraft Gesetzes, behördlichen Auftrags, Rechtsgeschäfts oder eines Treueverhältnisses obliegende Pflicht, fremde Vermögensinteressen wahrzunehmen, verletzt und dadurch dem, dessen Vermögensinteressen er zu betreuen hat, Nachteil zufügt, wird mit Freiheitsstrafe bis zu fünf Jahren oder mit Geldstrafe bestraft.

(2) § 243 Abs. 2 und die §§ 247, 248a und 263 Abs. 3 gelten entsprechend.

§ 299 Bestechlichkeit und Bestechung im geschäftlichen Verkehr

(1) Mit Freiheitsstrafe bis zu drei Jahren oder Geldstrafe wird bestraft, wer im geschäftlichen Verkehr als Angestellter oder Beauftragter eines Unternehmens

1. einen Vorteil für sich oder einen Dritten als Gegenleistung dafür fordert, sich versprechen lässt oder annimmt, dass er bei dem Bezug von Waren oder Dienstleistungen einen anderen im inländischen oder ausländischen Wettbewerb in unlauterer Weise bevorzuge, oder

2. ohne Einwilligung des Unternehmens einen Vorteil für sich oder einen Dritten als Gegenleistung dafür fordert, sich versprechen lässt oder annimmt, dass er bei dem Bezug von Waren oder Dienstleistungen eine Handlung vornehme oder unterlasse und dadurch seine Pflichten

gegenüber dem Unternehmen verletze.

(2) Ebenso wird bestraft, wer im geschäftlichen Verkehr einem Angestellten oder Beauftragten eines Unternehmens

1. einen Vorteil für diesen oder einen Dritten als Gegenleistung dafür anbietet, verspricht oder gewährt, dass er bei dem Bezug von Waren oder Dienstleistungen ihn oder einen anderen im inländischen oder ausländischen Wettbewerb in unlauterer Weise bevorzuge, oder
2. ohne Einwilligung des Unternehmens einen Vorteil für diesen oder einen Dritten als Gegenleistung dafür anbietet, verspricht oder gewährt, dass er bei dem Bezug von Waren oder Dienstleistungen eine Handlung vornehme oder unterlasse und dadurch seine Pflichten gegenüber dem Unternehmen verletze.

§ 331 Vorteilsannahme

(1) Ein Amtsträger, ein Europäischer Amtsträger oder ein für den öffentlichen Dienst besonders Verpflichteter, der für die Dienstausübung einen Vorteil für sich oder einen Dritten fordert, sich versprechen läßt oder annimmt, wird mit Freiheitsstrafe bis zu drei Jahren oder mit Geldstrafe bestraft.

(2) 1Ein Richter, Mitglied eines Gerichts der Europäischen Union oder Schiedsrichter, der einen Vorteil für sich oder einen Dritten als Gegenleistung dafür fordert, sich versprechen läßt oder annimmt, daß er eine richterliche Handlung vorgenommen hat oder künftig vornehme, wird mit Freiheitsstrafe bis zu fünf Jahren oder mit Geldstrafe bestraft. 2Der Versuch ist strafbar.

(3) Die Tat ist nicht nach Absatz 1 strafbar, wenn der Täter einen nicht von ihm geforderten Vorteil sich versprechen läßt oder annimmt und die zuständige Behörde im Rahmen ihrer Befugnisse entweder die Annahme vorher genehmigt hat oder der Täter unverzüglich bei ihr Anzeige erstattet und sie die Annahme genehmigt.

§ 332 Bestechlichkeit

(1) 1Ein Amtsträger, ein Europäischer Amtsträger oder ein für den öffentlichen Dienst besonders Verpflichteter, der einen Vorteil für sich oder einen Dritten als Gegenleistung dafür fordert, sich versprechen läßt oder annimmt, daß er eine Diensthandlung vorgenommen hat oder künftig vornehme und dadurch seine Dienstpflichten verletzt hat oder verletzen würde, wird mit Freiheitsstrafe von sechs Monaten bis zu fünf Jahren bestraft. 2In minder schweren Fällen ist die Strafe Freiheitsstrafe bis zu drei Jahren oder Geldstrafe. 3Der Versuch ist strafbar.

(2) 1Ein Richter, Mitglied eines Gerichts der Europäischen Union oder Schiedsrichter, der einen Vorteil für sich oder einen Dritten als Gegenleistung dafür fordert, sich versprechen läßt oder annimmt, daß er eine richterliche Handlung vorgenommen hat oder künftig vornehme und dadurch seine richterlichen Pflichten verletzt hat oder verletzen würde, wird mit Freiheitsstrafe von einem Jahr bis zu zehn Jahren bestraft. 2In minder schweren Fällen ist die Strafe Freiheitsstrafe von sechs Monaten bis zu fünf Jahren.

(3) Falls der Täter den Vorteil als Gegenleistung für eine künftige Handlung fordert, sich versprechen läßt oder annimmt, so sind die Absätze 1 und 2 schon dann anzuwenden, wenn er sich dem anderen gegenüber bereit gezeigt hat,

1. bei der Handlung seine Pflichten zu verletzen oder,
2. soweit die Handlung in seinem Ermessen steht, sich bei Ausübung des Ermessens durch den Vorteil beeinflussen zu lassen.

§ 333 Vorteilsgewährung

(1) Wer einem Amtsträger, einem Europäischen Amtsträger, einem für den öffentlichen Dienst besonders Verpflichteten oder einem Soldaten der Bundeswehr für die Dienstausübung einen Vorteil für diesen oder einen Dritten anbietet, verspricht oder gewährt, wird mit Freiheitsstrafe bis zu drei Jahren oder mit Geldstrafe bestraft.

(2) Wer einem Richter, Mitglied eines Gerichts der Europäischen Union oder Schiedsrichter einen Vorteil für diesen oder einen Dritten als Gegenleistung dafür anbietet, verspricht oder gewährt, daß er eine richterliche Handlung vorgenommen hat oder künftig vornehme, wird mit Freiheitsstrafe bis zu fünf Jahren oder mit Geldstrafe bestraft.

(3) Die Tat ist nicht nach Absatz 1 strafbar, wenn die zuständige Behörde im Rahmen ihrer Befugnisse entweder die Annahme des Vorteils durch den Empfänger vorher genehmigt hat oder sie auf unverzügliche Anzeige des Empfängers genehmigt.

§ 334 Bestechung

(1) 1Wer einem Amtsträger, einem Europäischen Amtsträger, einem für den öffentlichen Dienst besonders Verpflichteten oder einem Soldaten der Bundeswehr einen Vorteil für diesen oder einen Dritten als Gegenleistung dafür anbietet, verspricht oder gewährt, daß er eine Diensthandlung vorgenommen hat oder künftig vornehme und dadurch seine Dienstpflichten verletzt hat oder verletzen würde, wird mit Freiheitsstrafe von drei Monaten bis zu fünf Jahren bestraft. 2In minder schweren Fällen ist die Strafe Freiheitsstrafe bis zu zwei Jahren oder Geldstrafe.

(2) 1Wer einem Richter, Mitglied eines Gerichts der Europäischen Union oder Schiedsrichter einen Vorteil für diesen oder einen Dritten als Gegenleistung dafür anbietet, verspricht oder gewährt, daß er eine richterliche Handlung

1. vorgenommen und dadurch seine richterlichen Pflichten verletzt hat oder
2. künftig vornehme und dadurch seine richterlichen Pflichten verletzen würde,

wird in den Fällen der Nummer 1 mit Freiheitsstrafe von drei Monaten bis zu fünf Jahren, in den Fällen der Nummer 2 mit Freiheitsstrafe von sechs Monaten bis zu fünf Jahren bestraft. 2Der Versuch ist strafbar.

(3) Falls der Täter den Vorteil als Gegenleistung für eine künftige Handlung anbietet, verspricht oder gewährt, so sind die Absätze 1 und 2 schon dann anzuwenden, wenn er den anderen zu bestimmen versucht, daß dieser

1. bei der Handlung seine Pflichten verletzt oder,
2. soweit die Handlung in seinem Ermessen steht, sich bei der Ausübung des Ermessens durch den Vorteil beeinflussen läßt.

§ 335 Besonders schwere Fälle der Bestechlichkeit und Bestechung

(1) In besonders schweren Fällen wird

1. eine Tat nach
   a) § 332 Abs. 1 Satz 1, auch in Verbindung mit Abs. 3, und
   b) § 334 Abs. 1 Satz 1 und Abs. 2, jeweils auch in Verbindung mit Abs. 3,
   mit Freiheitsstrafe von einem Jahr bis zu zehn Jahren und
2. eine Tat nach § 332 Abs. 2, auch in Verbindung mit Abs. 3, mit Freiheitsstrafe nicht unter zwei Jahren

bestraft.

(2) Ein besonders schwerer Fall im Sinne des Absatzes 1 liegt in der Regel vor, wenn

1. die Tat sich auf einen Vorteil großen Ausmaßes bezieht,
2. der Täter fortgesetzt Vorteile annimmt, die er als Gegenleistung dafür gefordert hat, daß er eine Diensthandlung künftig vornehme, oder
3. der Täter gewerbsmäßig oder als Mitglied einer Bande handelt, die sich zur fortgesetzten Begehung solcher Taten verbunden hat.

VM Blatt mit Beispielen für Korruptionsfälle

Anlage 4 zu BMVg Fu S/Pers Az 75-70-00/042
vom 6.April 2009

Beispiele für Korruptionsfälle

BMVg ES bestätigt, dass die große Mehrheit der Bundeswehrangehörigen ihre dienstlichen Aufgaben vorschriftsmäßig und sachorientiert ausübt. Da Korruptionsdelikte in aller Regel im Verborgenen begangen werden, kann jedoch wegen der fehlenden Kenntnis über solche Delikte nicht der Schluss gezogen werden, es liege allgemein keine Korruptionsgefährdung vor. Nach den Erkenntnissen der Strafverfolgungsbehörden ist von einer hohen Dunkelziffer auszugehen. Durch die Veröffentlichung der nachstehenden Beispiele soll ein Praxisbezug zu gefährdeten Tätigkeitsbereichen hergestellt und im Interesse der Korruptionsprävention genutzt werden.

1.) „Teure Freundschaft"

Externe Hinweise ergaben Anhaltspunkte dafür, dass in einer Dienststelle der Bundeswehr der Beschaffungssachbearbeiter (B.) die Firma A. bei Ausschreibungen bevorzugte. Die eingeleiteten Ermittlungen erbrachten folgende Erkenntnisse:

B. nutzte den seit längerer Zeit bestehenden dienstlichen Kontakt zu dem Geschäftsführer G. der Firma A. für private Vorteile. Im Zusammenhang mit Dienstreisen zur Firma A. nahm er private Einladungen des G. (z.B. in Restaurants) an; auch die Überlassung eines Firmenwagens der A. zur freien Verfügung nahm er bereitwillig an.
Als Gegenleistung hat B. in der Folgezeit zu Gunsten der Firma

160

A. pflichtwidrig Einfluss auf Ausschreibungen genommen. Er informierte G. über Angebotspreise der Mitbewerber und unterließ es, Ansprüche des Bundes aus vertraglichen Pflichtverletzungen (Verzug, Schlechtleistungen usw.) gegenüber der Firma A. geltend zu machen. Schließlich erhielt B. von G. für seine „Dienste" auch Bargeld, insgesamt ca. 10.000 €.

In dem folgenden Strafverfahren haben B. und G. die Schmiergeldzahlungen zugegeben. Der Einlassung des B., die Zahlungen seien ihm von G. aufgedrängt worden und die Initiative sei daher allein von diesem ausgegangen, folgte das Gericht nicht. G. hatte detailliert und glaubhaft dargelegt, dass B. für die weitere Berücksichtigung der Firma A. bei der Vergabe von Aufträgen die Zahlung von Bargeld gefordert habe. Nach Überzeugung des Gerichts hatte G. den Forderungen des B. nur deshalb nachgegeben, um Nachteile für seine Firma abzuwenden.

B. wurde wegen Bestechlichkeit zu einer Freiheitsstrafe von zwei Jahren und G. wegen Bestechung zu einer Freiheitsstrafe von einem Jahr verurteilt.

Weitere Folgen: Das Beamtenverhältnis des B. endete gemäß § 41 Abs. 1 des Bundesbeamtengesetzes (BBG) mit der Rechtskraft des Urteils. B. verlor dadurch seinen Anspruch auf Dienstbezüge und Versorgung (§ 41 Abs. 2 BBG). Die Firma A. zahlte eine empfindliche Vertragsstrafe und wurde für eine bestimmte Zeit von weiteren Vergaben ausgeschlossen.

2.) „Mitarbeiter mit bestechenden Eigenschaften"

Der als Bürosachbearbeiter in einer Dienststelle der Bundeswehr tätige Arbeitnehmer A. wirkte bei der Vergabe von Einzelaufträgen mit, für deren spätere Abrechnung er selbst zuständig war. Seinem Nachfolger auf dem Dienstposten waren Unregelmäßigkeiten und das anhaltende Interesse des A. für die Belange der Firma F. aufgefallen.

Die eingeleitete Überprüfung ergab auffällige Kostensteigerungen, die A. ohne weitere Begründungen akzeptiert hatte. Nach weitergehenden Ermittlungen durch das Referat ES wurde die Staatsanwaltschaft eingeschaltet.

Die Inhaber der Firma F. gaben zu, an A. für erteilte Aufträge eine Provision von bis zu 3 % der Auftragssumme gezahlt zu haben, um die dringend benötigten Aufträge der Bundeswehr nicht zu verlieren.

Das Gericht setzte durch Strafbefehle folgende Rechtsfolgen der Tat fest: Gegen A. wurde wegen Bestechlichkeit eine Gesamtfreiheitsstrafe von 11 Monaten festgesetzt, deren Vollstreckung zur Bewährung ausgesetzt wurde. Im Rahmen der Bewährung wurde dem A. auferlegt, einen Geldbetrag von 10.000,- € an die Bundeswehr zu zahlen. Gegen beide Firmeninhaber wurden Geldstrafen in Höhe von jeweils 830 Tagessätzen (5.600,- €) festgesetzt.

Weitere Folgen: A. wurde aus der Bundeswehr entlassen. Das betreffende Unternehmen wurde von weiteren Vergaben ausgeschlossen.

3.) „Angebot und Nachfrage"

Der Offizier O. war u.a. für die Erarbeitung von militärischen Leistungsbeschreibungen zuständig. Die auf diesen Leistungsbeschreibungen basierenden Aufträge wurden von der Bundeswehrverwaltung nach erfolgter Ausschreibung an die Firma F. als preisgünstigste Bieterin vergeben.

O. hatte bereits lange vor den Vergabeverfahren Kontakt zum Geschäftsführer G. der Firma F. hergestellt. G. erweckte bei O. seinerzeit den Eindruck, dass die Truppe am besten versorgt werde, wenn das gesamte Leistungspaket von seiner Firma erbracht werde. Beide formulierten gemeinsam die Forderungen so speziell, dass nur die Firma F. den Auftrag erhalten konnte.

Als O. in Geldnot geriet, vertraute er dies G. an, der ihm 25.000,- € über einen fingierten Mietvertrag zukommen ließ. Weitere Zahlungsangebote des G. lehnte O. ab, nachdem in der Presse über Prüfungen des Bundesrechnungshofes im näheren Umfeld der Dienststelle des O. berichtet worden war.

Durch eine Unachtsamkeit des O. gelangte eine von ihm manipulierte Leistungsbeschreibung vor Ausschreibungsbeginn an einen Mitbewerber, der sich daraufhin an das BMVg wandte. Bei den durchgeführten Ermittlungen wurde u.a. ein Vermögensschaden des Bundes in Höhe von ca. 1 Million Euro festgestellt.

O. wurde wegen Bestechlichkeit sowie wegen Verletzung des Dienstgeheimnisses und einer besonderen Geheimhaltungspflicht zu einer Freiheitsstrafe von drei Jahren verurteilt. Das Gericht ordnete zudem den Verfall des Bestechungsgeldes in Höhe von 25.000,- € zu Gunsten der Staatskasse an. Gegen G. wurde durch Strafbefehl eine Freiheitsstrafe von 1 Jahr festgesetzt.

Weitere Folgen: Die Firma F. ersetzte der Bundeswehr den Schaden und verpflichtete sich, G. nicht mehr für den Bereich der Bundeswehr einzusetzen. O. verlor wegen der Verurteilung gemäß § 48 SG seine Rechtsstellung als Berufssoldat und wurde bei der Rentenversicherung nachversichert. An Stelle einer Pension erhält er künftig eine Rente in Höhe von ca. 40 % seines entfallenen Pensionsanspruchs.